武器としての現代思想

伊吹浩一

マルクス

ニーチェ

フロイト

ラカン

アルチュセール

フーコー

ネグリ=ハート

KARL
MARX

FRIEDRICH
NIETZSCHE

SIGMUND
FREUD

JACQUES
LACAN

LOUIS
ALTHUSSER

MICHEL
FOUCAULT

NEGLI=
HARDT

現代思想とは何か?

唯物史観

超人の思想

抑圧と自由連想

鏡像段階

主と抑圧装置

狂気の歴史

マルチチュードと〈帝国〉

CYZO

武器としての現代思想

もくじ

序　考えることを考える

考える葦として

パスカルが「人間は考える葦である」と述べたことはよく知られているが、たしかに私たち人間は「考える」。私たちはもの心ついたときから、おそらくこの世に別れを告げるときまで「考える」だろうし、挙句の果てには眠っているときまで夢の中で「考える」。もしかすると他の動物も考えているかもしれないが、人間のそれにはとうてい及ばないだろう。知能が高いと言われるサルにしても、私たちのように思想書を読みふけることはない。あるいは人間の思考の中には哲学するといった論理的なものもあれば、感情も含まれるが、喜んだり怒ったり悲しんだり嫉妬する中でも、私たちは考えながら何らかの情動を覚え、表現する。希望する大学や職場に入ることができて喜ぶ犬や、友人の裏切りに怒る猫や、おかしてしまった自分の過ちに後悔するネズミ、過去に死別した子供を思い出し、さめざめと泣くウサギなどお目にかかることはまずないだろう。「考える」能力が高いからこそ、私たちの感情は多様で広く、深い。

人間の思考を他の動物と分かつ最も顕著な面は、もちろん論理的思考である。古来こうした人間の思考の特質は理性というものによって示されてきた。人間の本質とは精神がこの理性という能力を持っているところである、と。理性とは真理を認識する能力、すなわち正しい認識と間違った認識とを分け、でき得るかぎり正しい認識を選び取る能力であるのに加え、日常生活において繰り返される行為の中で、善いと悪いとを判別し、しかもなるべく善い方を選び取る判断力である。この理性という能力を持っているからこそ、人類は何もないところから文明を築き、学問や科学技術を開発し、自分たちが理想とする社会を建設し、様々な製品を生産することによって、より快適な生活を獲得することができたのだろう。こうした思考の能力は他の動物には見出せない人間の固有性を示している。

パスカルは、人間は考える存在であるのと同時に、「ひとくきの葦にすぎない」とも言った。水辺に生息する、ちょっと力を入れてつかんでみればポキッと折れてしまうようなか弱い植物と同じくらい人間も実に弱い存在にすぎない、と。宇宙にとって人間を死滅させせることなどたやすいことで、一滴の水で簡単に押しつぶしてしまうだろうとパスカルは言っているが、たしかに私たち一人ひとりの存在など宇宙全体から見れば大したものではないし、人類全体とてそのうち滅んでいくしかない貧弱な存在でしかないだろう。

「しかし！」とパスカルは言う。それでも、人間は「考える」存在なのだ、そこに人間の偉大さがある、と。宇宙や自然は「考える」ことはしないかもしれないが、人間は考える、自然や宇宙のことも考える。宇宙に比べれば自分など取るに足りない存在であることも知っている。それを知りつつも、思考の中から、自然を凌駕し、地球を支配する能力も獲得してしまった。さらには宇宙にも進出することだってできるようになった。考える能力があるからこそ、人間には様々な可能性が開かれ、それを現実のものにすることもできる。

物質的豊かさの中での生き難さ

もちろん現代に生きる私たちも「考える」。考えながら生きているし、生きること自体が「考える」ことなのかもしれない。なぜなら、「考える」ことなしでは生きること自体が成り立たないからだ。ああしたい、こうしたい、ああなりたい、あれが欲しいなど、様々に欲望を抱き、それを達成するために計画を立て、具体的に努力し、うまくいったときには喜び、失敗したときには悔しがり、そういった過程でたえず考えている。こうしたことは自分一人だけでなく、他人も、いや人類全体が日々行っている営みである。その「成果」がいま私たちの目の前にある。物質的には数十年前には想像もできないほどの豊かさを私たちは享受できているし、そういった環境の外で暮らせと言われてももはや不可能なほど、思考の産物として生み出されたものは私たち一人ひとりにとっての「自然」となっている。

たしかに私たちの生活は物質的には豊かになった。だが、どうであろう。豊かになったとは言われながらも、どこかに居心地の悪さ、生き難さが漂う。「どこか」どころか、社会の全体に生き難さという気分が行き渡り、支配している印象さえ感じる。その印象は自分一人だけではなく、かなり多くの人たちに共有されていると感じながらも、そこから抜け出すことができない無力感もさらに加わり、社会全体が陰鬱とした雰囲気に包まれている、そんな感じがある。

人間たちはより良い社会、より良い生活を得るとの希望を持ち、頭をひねり、試行錯誤を繰り返しながら努力してきた。たとえば、快適な生活を送るためには電気が必要だということで、様々な発電方法をあみ出し、いたるところに大規模な発電プラントを建設し、その過程で究極的な発電技術として原子力発電という技術を手に入れた。ただ原発は事故が起これば大変なことになる。地震大国日本で原発を動かせばどんな危険が待っているかわからない。それでも原発を国内に導入し、推進したいと考えてきた者たちは、危険なことになり得る可能性はあると知りながらも、いやそれを知っているからこそ「安全だ、安全だ」と躍起になって吠え続けながら日本列島に乱立させたが、あっけなく事故を起こし、原発プラントの周辺地域の環境を汚染し、人間が暮らしていけない土地としてしまい、多くの人々の生活を奪い、不安の中に叩き落した。

ところが、そのような悲劇を体験したはずなのに、「経済のために」ということで、原発を再稼働させようとする。経済活動とはおそらく私たちの生活を成り立たせ、暮らしやすい社会をつくり継続するために行われるものだと思われるが、それを推進することで多くの人々の生活は破壊され、命が奪われ、不安な日々を送らざるを得ない状況に追い込まれるとは実に奇妙な話であり、まさに矛盾である。

そもそも現代の経済活動のあり方がどうもおかしい。日本は資本主義国家であり、しかも高度に成熟した資本主義体制を築いた先進国だと言われる。でも、どうだろうか。たしかに生産効率や生産力は向上したようだが、企業と個人は「経済成長」という強迫観念に襲われながら、必要のないものまで次々に大量に生産し、大量に廃棄する。その裏で環境が破壊され、空気を吸って水を飲み、農作物を食べるという基本的な営みもままならない状態が目の前に広がる。

さらには格差社会の出現とその固定化である。おそらく私たち人間のすべてには平等という、人が生まれながらに有する人権があるはずだが、しかし、事実はなぜか違う。貧富の差という不平等が私たちを支配しているのだ。労働し賃金を稼ぎ、家族を養うというごく当たり前の営みも奪われた低賃金の労働者が大量に生み出され、しまいには食べる者が買えず、餓死者も出る始末である。日本は世界有数の先進資本主義国であると言われ、世界経済を牽引する大企業がひしめく国であるのに、どうしてこんな理不尽な事態を克服できないのか。先進国には数パーセントの巨万の富を築いている者もいる一方で、圧倒的多数が貧困に追い込まれている。しかも貧困にあえぐ者たちは額に汗して労働しているのに、裕福な者たちは株などの金融取引などで働かずして富を得る。あるいは、かろうじて正社員になれたとしても、世界経済の奔流からふるい落とされないようにとしがみつき、競争社会は甘くないのだと尻をたたかれながら日々の労働にいそしむのだが、しかし将来に対する安心感はいつまでたっても得られない。医療技術の発展によってせっかく長生きできるようになったのに、長く続く老後をどうやって生きればいいのか、不安は募るばかりである。国はまるであてにならない。

ところで、国家がどのようにして作り出されたのかを説明する思想として、ホッブスらが唱えた社会契約説がある。人間には本来自己保存の衝動があり、国家が建設される以前の自然状態、つまり野蛮な状況においては、各人は自己の欲望のおもむくままにふるまい、他人のことなどおかまいなしに行動する「万人の万人に対する闘い」が繰り広げられる。力の強い者は勝ち残れるかもしれないが、しかしこれでは共倒れする危険がたえずつきまとう。そこで人々は自分の力を第三者に譲渡し、もう争うことなく平和に暮らしていこうと互いに契約する。そこに国家が打ち立てられるのだ、こうホッブスは説いたのだが、しかし現実の国家はどうだ。経済成長のためには自由主義経済の推進が重要であると唱えながら、まさに弱肉強食の世界を助長する政策に精力を注いでいるありさまだ。まさに今私たちの前で展開している経済活動は、直接に命を奪われることはないにしても、まさに「万人の万人に対する闘い」である。

ヘーゲルもこう述べていた。個人は最初、愛という紐帯で結ばれた家族の中に生まれ落ちやがて市民社会へと旅立つ。市民社会は、各人が自己の欲望を成就するために経済活動にいそしむ「欲望の体系」である。むろん、それぞれが自己利益を追求し、それを貫き通せば、衝突や対立、葛藤が当然生じることになる。そこに調和をもたらすのが国家である、こうヘーゲルは唱えた。現代でも私たちは市民社会の中で自己利益を得るために経済活動を行い、そこには衝突や対立も生じる。これを未然に防いだり、衝突があったときには何らかの「調和」をもたらすために、各種の法律が国家の名の下に存在している。この法律の効力を物質的に保証するために警察も裁判所も刑務所も用意されている。しかしその結果現われたのは、格差社会という不平等社会である。

「調和」とは誰のためのものであり、誰が得をし、誰が犠牲になるのか。もちろんそこには物理的な暴力が抑えられた「調和」が実現しているが、一方の側が非力であったり抑圧されていれば、争いが起こりようがないだけの話だ。

国際経済の今後も実にあやしい。二〇〇八年のリーマンショックに端を発する世界同時不況があり、それから日本も含めた世界経済は低迷を続け、良くなる兆しなどどこにもない。政府もいろいろと政策を打っているがいっこうに庶民の生活はよくならない。中国だけがうまくいっているように見えるが、どこまで続くかわからない。世界経済がそもそも行き詰っているのだから、自分の生活だってこれからどうなるかわからない。

あやしいのは経済だけではない。世界のどこかではつねに戦争が起こっている。戦争とは言うまでもなく殺人行為であり、しかもそれを大規模に展開する。誰だって殺すことも殺されることもできたら避けたいと思うし、端的にそれは悪いことであるのは、心の底から知っている。誰もが知りつつも、しかし、世界のどこかでたえず戦争が勃発し、多くの無垢な民が無残に殺されている。誰もが戦争は愚かなことであり、悲しむべきことであると分かりつつも、倦むことなくどこかで続けられる。人類は二度にわたって世界大戦を経験してきたはずなのに、なぜ性懲りもなく戦争を繰り返すのか。理性的判断力があれば、本来は不可能なことである。他人事ではない。私たち日本人も、七〇年以上前に自分たちで戦争を起こし、自国の民と多くのアジアの人々を殺し死なせるという極まりない悲劇を生み出した挙句に結局戦争に負けるが、その後もう二度と戦争はしない、巻き込まれたくもないという思いを抱きながら戦後の社会を築き、平和を享受してきた。だが近年、こうした人々の誓いと願いを忘却した好戦的な政治家たちとそれを支持する人々たちによって、戦争が現実のものとなろうとしている。

そして現在世界を震撼させているテロである。世界の先進国はテロリスト撲滅のために強大な軍事力で叩き潰そうとしているが、しかしそれはほとんど効果がない。私たちも、国外に渡航した際だけではなく、国内においてもテロの犠牲になる可能性が出てきている。何も戦地に赴かなくても、国内に居ながらにして戦争に巻き込まれるのと同等の状況がいまここにある。

しかし私たちの命を奪おうとしているのは、武装した軍人やテロリストだけではない。日常を送る中、通りを歩いていながら無差別殺人に遭う危険もある。テロリストのように大義名分を持ちながら殺人行為に出るわけでもなく、「誰でもいいから殺したかった」という理由にならない理由によって私たちの命を奪う殺人行為が国内で頻発する。

しかし、そのような無差別殺人に走る者たちの中には、この社会の中で虐げられたり、排除されたり、劣等感を持たされたり等々、何らかの挫折を経験してきた者も少なくないようだ。彼らは自己のうちに、自分を虐げてきたこの社会に対する怨念と敵対心を育て上げてしまい、それを一気に晴らすべく、社会という漠然としたものに復讐を挑んだのかもしれない。だから、「誰でもいい、殺したかっただけだ」ということになる。もしかすると、彼らは、私たちの他人に対する配慮のなさがつくりだしてしまった人間なのかもしれない。誰も彼らを救えなかったのだ。そういった意味では、彼らは私たちを映し出す鏡のような存在なのである。自分の分身によって殺される、私たちの生きる日常世界は、そんな「万人の万人に対する闘い」の状態なのかもしれない。もちろん、だからといって無差別殺人を犯した者は免罪されるわけではない。

世人の覚醒

いま私たちを支配している気分の一つは、不安である。未来を見通せぬ不安、たとえ見通せても、見通した上で見えてしまう行き詰まりに対する不安。あるいは端的に命を奪われる不安、死の不安である。

しかしハイデガーによると、こうした不安は、社会がどのような状況になろうと関係なく、人間という存在が元来持っているものであるようだ。人間は生物の一つであるかぎり、時が来れば必ず死ぬ運命にあり、どんな人間も、どのように生きようとも、その運命からまぬがれることはできない。そんなことは誰でも知っている。知ってはいるが、しかしなかなか受け入れられない。生きていれば嫌悪するものや恐ろしいものに様々遭遇するだろうが、おそらく自分の死ほど嫌悪し恐ろしいものはないだろう。にもかかわらず、死は万人に平等に与えられ、せっかく享けた生はどこかで終わりを告げなければならない。しかしこの世から自分が消滅することなど絶対に認めたくない。私たちが人間としてこの世で生きる中で抱く不安は、こうした死の恐怖に由来するのだ。この不安を緩和、あるいは隠蔽するために人間たちは、様々な文化制度を作り上げてきた。宗教はその典型である。私たちはそれらの文化制度にすがることで死の不安から逃避しようとする。

ハイデガーは、普通一般的に存在する人間を「世人（ダス・マン）」と表現した。世人は日常世界の中に埋没し、匿名的存在となってしまい、自己の本来性を見失っている。こうした世人を覚醒させるのが、死である。誰でも結局最後には死に行き着くんだ、死に臨んでいるのだということを意識する「死の先駆性」を自覚することで、人間の本来性を獲得することができる、そのようにハイデガーは唱える。

しかし、人間は必ず死ななければいけないという自覚は、だからこそ人間を日常生活に縛り付け、そこに埋没させ、しがみつかせることになってしまいかねない。「どうせ、死んだら終わりなんだから」ということで、いまここにある現実だけを信じ、そこにおける自己実現のために邁進するのだ。

だが、いま与えられている現実世界の中で死という厳然たる事実を忘れさせてくれるくらいの充足感を味わうことなどどれくらいの人に可能なのだろうか。それを味わうことができる恵まれた環境にある人ならいいけれど、そうでない者はどうすればよいのか。死の不安から逃避するために現実の仕事や勉強や人間関係に没頭しようとしても、それをするほど余計に不安を感じてしまうのがこの現代という時代なのではないだろうか。現代社会は人々の抱く不安を吸収する力を喪失してしまい、社会全体に不安が漂っている。

残された道はおそらく、いまある現実の自分の殻を破り、何らかの可能性へと飛び出していくことだけかもしれない。世人の覚醒とはそのようなもののことを言うのだろう。

幸福と欲望の関係

しかし、「覚醒しよう！」と言われても、なかなかできるものではない。もともと庶民は覚醒できないから世人と言われるのであり、いまの自分のあり方を反省しようなどとは微塵にも思わない存在なのだ。とはいえ、現代社会には不安を感じながら何かに気づきはじめている人たちも少なくないはずだ。しかし、どうすればよいのか、それがわからない。考えても、「考え」が及ばない。

かつて戦乱の日々に明け暮れる古代のヘレニズム・ローマ時代にストア学派という哲学集団が登場し、「人間はどのように生きるべきか」を問題にし、それは「幸福を求めることである」と主張した。人間は誰でも放っておいても幸福を求めるのだから、ストア学派の言っていることは当たり前すぎる話ではある。ちなみに「ストア」とは現代の「ストイック」の語源であるが、彼らの主張はまさに禁欲主義、「欲望を断念せよ！」というものであった。「幸福になりたければ、欲望を断念せよ！」とストア学派は唱えたのだ。

戦争の時代にあっては、いつどこで命を落とすことになるかわからない。それまでいくらどんなにがんばって努力してきたとしても、戦争に巻き込まれ命を奪われてしまえば、元の木阿弥である。かろうじて生き残ることができたとしても、いつ死ぬかもわからない状況の中、戦々恐々としながら日々を過ごさなければならない。為政者たちが勝手にはじめた戦争によって庶民の生活は翻弄され続ける。人間は誰でも欲望を持ち、金銭や名誉や健康、知識など価値あるものを求めるが、戦争の時代にあっては、それらを得ることは難しいだけでなく、たとえ得られたとしても、つねに失う危険がある。そもそも死んでしまえばそれら価値あるものは何の意味もない。そんな理不尽な時代の中で「ああ、なんて私は不幸なんだ！」と人々は嘆いたことだろう。

そのときストアの哲学者たちは言った。「欲望を断念せよ！」と。欲望を満たすことができず不幸だと考えるなら、不幸の原因を断ち切ればよい。それは、はなから欲望を抱かないことだ。欲望が満たされず不幸の状態にあるとき、心は焦り、動揺し、落ち着きなくざわめいているだろう。反対に欲望が満たされ幸福な状態であるとき、心は落ち着き静かだろう。ならば、はじめから欲望を抱かなければよい。そうすれば心は何事にも動かされない落ち着きを保ち、満たされた状態にあるだろう。この心境をアパテイアと言い、これこそ目指すべき賢者の道であると言った。なるほどそれも一理あるかと思っても、しかしこれを実践するのは、修行僧になると決意すれば別だが、なかなか難しい。私たちは現実の生活の中であたふたとしながら、現世の幸福を求めてしまう弱い存在なのだ。

別な仕方で考える

経済も法律も国家も、そして戦争も私たちの頭の中の「考え」から生まれることは言うまでもない。そしてそれらを改善したり、なくしたりすることも私たちの「考え」から生み出される。喜びも悲しみも楽しさも苦痛も、やはり「考え」の中で感じられ、それを味わうことが人生なのだろう。ならば、やはり「考える」こと、これが重要なのだ。しかし、どうも「考え」が及ばない。どうすればよいのかわからない。

だが、考えてみれば、考えるためには考える方法を知り、身に付けていなければ、そもそも考えることはできない。「考える」と一言で言っても、世の中には様々な考え方があるのは誰だって知っている。いま自分が持っている考え方の中で行き詰っているなら、「他の考え方」でやってみればよいのだ。

たとえば、近代を代表する哲学者であるデカルトは、当時支配的だったキリスト教的世界観に対して疑いの目を向けた。本当にキリスト教は正しい考えを私たちに示しているのだろうか、と。そして自分自身が納得できる考える仕方（認識の仕方）を見出そうとした。

私たち人間には生まれつき理性が備わっているとデカルトは考えた。しかし、現実には間違えたり迷ったりしてしまう。理性を本来備えていれば間違うこともなく、どちらが正しいのか迷うこともないだろう。なぜこうなってしまうのか。それはせっかく理性を持っていても、それを正しく使用する方法を知らないからだ。誰だってものごとを正確に認識したいし、間違いたくない。それなら、正しい認識の仕方を獲得しようではないか、そうデカルトは訴えたのだ。そもそも認識の仕方を知らなければ認識はできないし、考え方を知らなければ、考えることもまたできないのだ。

二五〇〇年以上続いてきた哲学は、まさにこれを追求してきたのであり、日常生活の中で間違いを犯し、迷い、悩む私たちに「別な考え方」を示してきた。哲学者は真理にあこがれ、真理を獲得することを目標にする。ところが、真理は日常生活を送る私たちの目には見えないものであり、日常の背後に隠れ、なかなか姿を現わさない。それゆえ、特別な「装置」が必要になる。真理を獲得するためには日常ではなかなか持ち得ない「哲学的な考え方」という装置である。これを示してきたのが哲学者たちであり、それぞれの哲学者がそれぞれの仕方で独自の「考え方」を示してきた。だから、哲学は難しいと思われてしまうのだ。そもそも日常意識では見えないものを見ようとしているのだから、哲学の語ることは日常の「自然」な目からは「不自然」に映ってしまうのは無理からぬことなのだ。

しかし、哲学者が示してきた「真理の認識の仕方」なり「正しい考え方」が本当に正しいわけでもないだろう。事実、哲学者たちのそれぞれが自分なりに「認識の仕方」や「考え方」を示すことができたということは、結局どれもが決定的なものではなかったということを証しているからだ。いまだに哲学の歴史が続いていることは、いまだに正しい「認識の仕方」や「考え方」に決着がついていないということでもある。

でも、哲学はそれなりにも重要だと言われるのは、やはり哲学者たちが示してきたことに何ほどか大切なことがあるということなのだろう。どうでもいいものならとうの昔に淘汰され、消滅しているに違いない。もしかすると、現代の私たちにも「別な仕方で考える」ことは必要なことであり、「別な仕方で考える」ことをしてみたら、私たちの目の前に広がる世界が「別な仕方で」見えてくるかもしれない。そういった意味では、これまでの哲学にも参考になるものはあるはずだ。

たしかに哲学の歴史を振り返ってみると、時代が移り社会が変化しようとも、人間の考えることはさして変わらないことを確認できるが、何千年、何百年前の考えを現代に直接適用するというのは少々難しいかとも思える。やはり昔と今とでは社会もそこに住まう人間たちもずいぶん違っているだろう。哲学者も時代の子である。自分が産み落とされた時代の中で思索し、その時代の人々を相手にしながら哲学してきたのだ。だから、やはり現代の中で考えるためには現代の中で考えられてきた「現代の思想」を用意する必要がある。

現代思想とは何か？

二〇世紀の後半、世界の哲学・思想の中心はドイツからフランスに移り、そこで唱えられた思想潮流は「ポストモダン思想」と称された。ポストモダン思想と呼ばれるかぎり、それは「近代以降の思想」だろうし、もっと言えば「〈近代〉をのりこえる思想」が標榜された。しかしなぜ、現代思想家たちは〈近代〉をのりこえようとしたのか?

〈近代〉を代表する哲学者には、たとえばデカルトやカント、そしてヘーゲルがいる。もちろん現代でもそれらの哲学者から学べることはたくさんある。なぜなら、彼らの主張は現代の私たちの〝常識〟の土台をなしており、彼らの主張を振り返ることは私たち自身を振り返ること、つまり「自己反省」の機会を与えてくれるからである。

たとえば、現代に生きる私たちは、精神と物質はまったく異なるものであると考えるが、これはデカルトが主張した心身二元論である。また、デカルトは科学がいかに正しい認識を私たちにもたらしてくれるのかを哲学的に説明したが、やはり現代の私たちも科学的認識は最も正しい認識であるということを信じて疑わない。とは言いつつも、原発事故や環境問題を体験している私たちは、本当に科学は正しい認識なのか疑いを持ち始めているけども、そのときにはもう一度デカルトの言い分を聞いてみることはそれなりに意味がある。

あるいは、私たちは人類の歴史は発展していくものであると何気なく思っている。世界史も日本史も、学校で教えられる歴史はそうした歴史観が基本になっており、やはり平安時代よりも現代の方が発展している、当たり前じゃないかと誰もが思っている。でも、これはもともとヘーゲルが示した歴史観であり、それまでは歴史は発展するものとしては考えられていなかった。だから、とりわけ近代哲学は私たちと無関係であるどころではなく、現代に生きる私たち自身の思考の土台そのものとなっている。

ところで、どの時代のどんな哲学者も、自分より先立つ先輩の哲学者たちを批判することで自己の哲学を確立する。「今はこの哲学者の主張が正しいとされているが、自分の方が絶対に正しいのだ！」と主張することで、それぞれの哲学者は独創的な哲学を打ち立ててきたのだ。だから、どの哲学も主張された当時は「異端」なのだが、しかし時間の経過とともに人々に受け入れられ、新時代の代弁者となり、〝常識〟となってしまう。デカルトもカントもヘーゲルも〈近代〉という時代を代表して発言し、〈近代〉に生きる人々の常識を形成してきた。

では、〈近代〉とはどのような時代だったのか？　それは、産業社会が誕生し、発展し、市民社会が確立された時代であり、それとともに人々の生活は劇的な変化を遂げることになった時代である。封建社会の中で虐げられてきた人々も、一人の市民として平等に扱われ、自由な労働者として経済活動を営み自分の生計を立てることが可能となった。そうした状況が数百年続く中で、資本主義社会も成熟し、庶民もそれなりの豊かさを享受することができるようにはなったものの、様々な「矛盾」が顕在化してきた。「本来はそうであるべきなのに、現実はそうでない」から、「矛盾」なのである。そして矛盾は膨らみ続け、二〇世紀にとうとう爆発してしまった。二度に渡る世界大戦である。そしてそれを引き起こしたファシズムと帝国主義戦争。

古来人間には「正しいこと」（善）と「間違ったこと」（悪）を区別し、正しい方を選択する理性という能力があるとされてきた。たとえば、誰だって理性的に考えれば、戦争はよくないものであることは判別できるし、でき得るかぎり避けねばならないものであることは十分知っているはずである。ところが、人類は地球上のほとんどの人々を巻き込んだ世界大戦を、しかも二回も行い、多くの人々の命を奪い、生活を破壊し、凄惨な情景を世界中で作り出してしまった。およそ人間には理性があるなどとは思えない現実を二〇世紀の人々はこぞって体験してしまったのだ。当然、この現実は、人間とは理性的存在であると全身全霊をかけて主張してきた哲学者たちにつきつけられることになり、自己の哲学的主張を根本から崩壊させてしまう事態となる。しかし、戦争が終わると、「やはり戦争はいけないものである」と反省できるのは、やはり人間は理性的存在であるからであろう。いったい人間とは何なんだ？　現代思想家たちは考えたのだ。

あるいは、資本主義経済が確立した社会は万人に自由と平等という自然権が与えられているはずなのに、なぜか貧富の差という不平等な状態が現われ、生きていくためにはたとえ過酷な労働であったとしても職場から逃れられない不自由な社会になってしまった。

また、物質的に豊かにはなったが、つねに何かを買いたい、むしろ本当に欲しいのかどうかもわからないけども、とにかく買わねばならないというような強迫観念に襲われ続ける。もちろん商品を購買するためにはお金が必要だから、働かなければならない。何かを買うために働いて、それで得たお金でまた何かを買う……これを延々と反復する。何かに操られるように欲望をかきたてられているような感覚さえ生まれてしまう。本当に人間は自由なのか？　そんな思いが頭をもたげてくる。

人類は科学技術を獲得し、発展させることで、自然をコントロールし、利用することができるようになった。それまで自然は、ときに人間たちに恵みを与えてもくれるが、人間たちの命や生活を奪い破壊しかねないような力を持った畏怖する存在であったが、いまや人間たちの下僕となった。ところが、それによって公害や環境破壊を発生させてしまい、人間自身が生きていけないような環境を生み出してしまった。科学技術が人類を窮地に追いやる。本末転倒である。

あげればきりがない。矛盾だらけの事態が二〇世紀に噴出したのだ。

フランス現代思想家たちは、こうした時代状況の中で思索した。

彼らは自分たちの眼前に立ちはだかる諸問題をのりこえるために思索し、何らかの処方箋を提示しようと、「別の考え方」を示そうと奮闘してきたのである。その軌跡が現代思想と作品となって私たちに贈り届けられているのである。

現代という時代の中では、ただ生きているだけで、息苦しくて、窒息してしまいそうになってしまう人も少なからずいるのではないか。そんな陰鬱とした雰囲気を打ち破り、突破していくためには、何らかの力が必要だ。その力を私たちにもたらしてくれる「武器」となり得るのが、現代思想なのである。

近代をのりこえて

〈現代〉へと流れ込む〈近代〉のベースとなり、人々の常識や諸学問の基礎を形成してきたのが、近代哲学であった。それゆえ、〈近代〉をのりこえるためには、近代人の常識を形成してきた近代哲学を根底から批判し、のりこえていかねばならない。ポストモダンの思想家たちにつきつけられた課題とはそのようなものであったのだ。

だが、何もないところから始めることは容易ではない。ところが、この容易ならざる状況が、第二次大戦後のフランスにはあった。なぜ自分たちはナチスによる侵略に抗し切れなかったのか？　なぜ戦争を招いてしまったのか？　こうしたことを省察するためには何らかの哲学的な参照軸を必要とするが、フランス人はそのようなものを自前で持つことができなかった。「フランス的貧困」、アルチュセールは当時の状況をこう回顧していた。戦後のフランスでは、ソ連から亡命してきたコジェーヴが登場するまでヘーゲルでさえ知られておらず、彼の講義には知的貧困にあえぐフランス知識人たちが大挙して押し寄せる始末だった。フランスの知識人たちは貪り食らうようにして新しい知識を摂取していく。

そのとき、幸運なことに、彼らは思考の源泉となり得るものを発見する。マルクス、ニーチェ、フロイトである。この三人の思想家たちの中には、〈近代〉をのりこえる何かがあった。それは徹底的な近代批判である。

しかし、ここはかなりきわどいところではある。なぜなら、あるときまでは彼らはまさに〈近代〉の「権化」、しかも〈近代〉の悪しき側面に思想的根拠を与えた張本人と目されてきたからである。たとえば、マルクスはソ連におけるスターリニズム、ニーチェはナチスのファシズムである。彼らが貢献することになってしまった対象が歴史上あまりにも悪名高きものであるがゆえに、その功罪を払拭することは難しいが、しかし興味深いことに現代思想家たちはむしろマルクスやニーチェやフロイトにファシズムや戦争を含む〈近代〉の諸問題をのりこえていくヒントを発見したのである。フランスの現代思想家たちは、この三人の思想を利用した者たちも、諸悪の根源であると非難する者たちもともに近代的な思考の枠組みの中で彼らを捉えているに過ぎず、むしろこの三人の思想家たちは、〈近代〉を成り立たせている人間観、世界観、歴史観等を批判するどころか、破壊してしまうほどの威力を持ち、〈近代〉を超えていくような可能性があると見抜いたのである。

まず、現代思想の源流であるマルクス、ニーチェ、フロイトの思想について見ていこう。続いて、それらの源流から流れ出た現代思想として、ラカン、アルチュセール、そしてフーコーをとりあげる。ラカンはフロイトに、アルチュセールはマルクスに、フーコーはニーチェにそれぞれ対応する形になっている。もちろん三つの源流はこの三人の現代思想家たちだけでなく、その他多くの思想家たちに影響を与え、新思想の創出の契機となってきたが、この三人こそは源流思想を現代によみがえらせた成功例である。問題とすべきは、源流から湧出し、その後様々な展開を経ていく中でも一貫して継承されていく思想の核心部分をつかむことである。これを三人の現代思想家に代表して語ってもらおうというわけだ。

万人が平等であるはずの社会には
経済格差という不平等が存在するのはたしかに矛盾である。
しかし資本主義が存続するかぎり、
経済格差は必然的に生じるのだ。
問題なのは、こうした事態を変革することである。

KARL MARX

第1章

マルクス
現代思想の源流 I

世界を変革すること

「哲学者たちはこれまで世界を様々に解釈してきただけであるが、肝心なのは世界を変革することである」（『フォイエルバッハに関するテーゼ』）、マルクスはこう宣言した。ここで言われている「哲学者たち」とはヘーゲルとその後継者たちを念頭に入れたものである。「ミネルヴァのフクロウは黄昏のはじまるのを待って飛びはじめる」とはヘーゲルの有名な言葉であるが、哲学はあくまでものごとを静観するものであり、現実の進行が終わってから、そこに本質的なものを見出すことを使命とする、ということである。それゆえ哲学は、ものごとの進行過程に先立って何かを予言したり、現実に実践的に介入することはない。言われてみればたしかに、伝統的に哲学は現実そのものに積極的にアプローチすることなく、一歩退いて静観（傍観？）する立場を維持してきた。

しかし、マルクスは、ヘーゲルに圧倒的な影響を受けていたかつての自分を脱ぎ捨てるかのように、ヘーゲルを批判し、「世界を解釈することではなく、変革することである」と言い放った。マルクスの先行世代に対する、この若々しく強烈な批判精神こそ、現代思想家たちを魅了したにちがいない。

世界を解釈することではなく変革することを目指すと述べたものの、しかしマルクスは、いったいそれをどのように行ったのだろうか？

世界や人間に関する認識を刷新することである。世界を変革しようとするなら、世界認識そのものを変革しないかぎり、それは不可能である。社会変革を熱望しながらも、現状から抜け出せないのは、未来の展望を切り拓けないからであり、未来の展望を切り拓けないのは、いまある世界認識に縛られているからなのだ。ならば、新しい世界認識を獲得しようではないか！　そうマルクスは私たちに呼びかける。

人間観の刷新――人間は社会的諸関係の総体である

まず、マルクスは人間観の刷新を行う。

理性的存在、自由意志を有する者、宗教的存在……哲学者を中心としながらこれまで様々な人間観が唱えられた。だが、当たり前のことが見失われている。それは、人間とは生物の一種であり、それゆえ生きていくためには食べていかねばならないということである。

ただしその「食べ方」に特徴がある。人間は、自然のものをそのまま採取し、食べているのではなく、道具を使用し、採取・生産・加工した上で食べるのである。マルクスはここに注目し、ここから彼の革新的な人間観が導出される。**人間とは「生産する存在」である、**これである。もちろん人間世界においては生産することは労働することであるから、人間は**「労働する存在」**であるとも言えるだろう。

では生産とは何か？　どんな生産も目的意識性を伴いながら行われる。しかも、目的を達成するためにはどのような手段が必要なのかを考え、それらを整えた上で行われる。そもそも人間は日々何らかの意識活動を行っているので、人間の本質が生産活動である以上、意識活動もそれに従いながら行われる。なにしろ、生きていくためにはまずは「食うこと」を優先しなければならないからだ。それゆえ、意識も生産活動に規定されることになる。

さらには道具という「生産手段」も必要となり、これをどのように使用するかという「生産方式」も知っておく必要がある。道具は一般的に使用する本人が発明し、作り出したものであるのはごくごく稀であり、多くの場合他者が発明し、作り出したものである。しかもその他者は同時代の人たちだけではなく、過去の人たちである場合もある。したがって道具を使用するとき、他者たちといっしょに働き、生産すること、つまり「協働」になる。**人間による生産は、たとえ一人で従事していても、おのずと他人との協働になるのだ。**

また、人間が生産するとき働きかける対象は自然である。この自然も、田畑や森林を見ればわかるように、天然の自然ではなく、過去の人々によって手を加えられた「自然」である。だから、ここでもまた人間の生産は他者との協働となる。

そして実際に生産活動に従事する、つまり労働するときには人間は他者とともに行なう場合が多い。たとえば分業である。分業することによって生産効率を上げていこうとするのが人間であり、そのときにもやはり人間の生産は協働である。

人間は生産しなければ生存を維持できない。しかしその生産活動はつねに他者の存在なくしては実現不可能なものである。人間の生産はつねに協働という形でしかありえない。それゆえ人間は「社会的存在」といえるだろう。しかもこの社会的という意味は同時代的な関係だけではなく、歴史的な関係も含まれる。

別の側面から見れば、人間は言語を操る存在であるとも言える。言語なくして思考や感情といった意識活動そのものが成り立たないのと同時に、他者とコミュニケーションをとることもできない。そもそも他者が存在しなければ、あるいは存在してもコミュニケーションをとる必要がなければ、言語そのものが存在しなかったのかもしれない。

では、なぜ他者と関係を持たなければならないのか？ 生存していくためである。そのためには生産活動を行わねばならないが、その生産活動がつねにすでに他者とともに行う協働なのだ。協働を反復・継続していく中で言語が発生する。

言語とは自分の思いを他者に伝えるメディアとしてあるだけではない。何らかの言葉を発したとき、発した言葉の意味を相手が理解してくれなければコミュニケーションは成立しないのは当然である。ゆえに言葉を発するとき、この言葉の意味が相手にどう伝わるかを自分の中で考え、意識できなければならない。これを可能にしているのが言語である。言語がないところで思考することは不可能である。他者とのコミュニケーションを行う中で、あるいは一人で内省しているときも言語によって思考するが、その思考そのものが意識活動である。人間の意識活動は、それゆえ他者を内包した形で行われるということなのだ。だから人間の意識活動そのものが社会的な関係性をはじめから持っている。

そこでマルクスのテーゼである。**「人間とは社会的諸関係の総体である」**。**生産活動においても協働という社会的営みを行い、個人的な精神活動においても、社会的諸関係を内面化した意識でそれを行う存在であるのだ。**

近代までの人間観は、いわば社会的エリートを模範にし、それを理想としたところで示されてきたものに過ぎない――「理性的存在者」などその典型である。それに対して、マルクスは、額に汗して働くごくごく平凡な普通の人に光を当て、「これこそが人間である！」と指さしたのである。

唯物史観――「人類の歴史は階級闘争の歴史である」

歴史上はじめて、「歴史とは何か?」を真に哲学的に語ったのはヘーゲルである。ヘーゲルは、歴史とは絶対精神がその本質を次第に顕現させていく過程であると言った。絶対精神とは理性であり、いわば世界の根源である。かつての哲学や宗教なら、それを「神」と呼んだだろう。神とは世界の根源であり、世界を統治する〝何か〟の呼び名である。世界のはじまりなど誰にもわからないし、何らかの仮説を立ててもそれを検証することは人間には不可能である。だからとりあえず「神」と呼んだのである。神のような絶対精神は、はじめはどこかに潜んでいて人間には分からないが、次第にその姿を現わしてくる。その過程が歴史である、このようにヘーゲルは主張した。

絶対精神の本質とは「自由」である。当初自由は人間たちすべてには認められていなかった。だが、フランス革命によって自然権として万人に認められ、いまや世界中の人々が自由を謳歌している（とされている）。最初は一部の人々にしか認められていなかった自由が、徐々に他の人たちにも広がり、やがて万人に認められたものとして実現していく。これは絶対精神が隠れていた状態から次第に顕現していく過程そのものである。なぜなら自由は絶対精神の本質であり、絶対精神の現れは自由の実現によって示されるからである。この自由の実現の過程が歴史である。言うまでもなく、自由は私たち人間にはなくてはならないものであると同時に魅力的なもの、「よいもの」である。このような自由が次第に実現していく過程であるのだから、歴史とは、まさに発展するものである、とヘーゲルは考えた。

それゆえ歴史の主体とは絶対精神である。人間たちは自分たちが歴史を切り拓き、作ってきたのだと勘違いしているが、実は絶対精神（＝理性）が人間を知らないところで背後から操っているに過ぎない。これを「理性の狡知」と言う。

さらには、歴史そのものがはじめから目的論的に決定され、絶対精神の摂理によって支配されており、人間もこの摂理に縛られている、とヘーゲルは言う。だから、現実に存在するものはすべて理性的であり、理性的なものはすべて現実的であることになる。絶対精神は理性そのものであるからだ。

しかし実際にはどうだろうか？　人間も含めた現実に存在するものは本当に理性的であると言えるのだろうか？　歴史は本当に発展していると言えるのか？　そもそも絶対精神からして、どうもあやしい。証明不可能なものを基礎にして考えるのはいかがなものか。ちなみに現実世界を超越したものを頂点にして、これによって世界の成り立ちを説明するものを形而上学と言う。

若きマルクスはヘーゲルから絶大な影響を受け、そのもとで思索してきたが、やがてヘーゲルと決別する日が訪れる。ヘーゲルとの決別はマルクスを独自の歴史観の構築へと導くことになる。「唯物史観」の誕生である。

マルクスが歴史について考察するときのスタンスも、やはり実際に生き、生産活動に従事する人間に光が当てられ、そこからなされる。人間の物質的生産活動こそ、社会や歴史の基礎なのだ、こうマルクスは考えるわけだ。

絶対精神や理性のような人間の頭で勝手に考え出した観念的なものではなく、実際に物を生産するその活動、すなわち生産活動こそが社会や歴史の「土台」となる。そして、その土台の上に、法律・政治・学問・道徳・宗教などの精神的活動の所産が成立する。前者を下部構造、後者を上部構造といい、この上部・下部構造が社会全体を形成している。

こうした建物の比喩でマルクスが示そうとしているのは、土台がなければ建物全体は成り立たないということである。生産活動を中心とした経済活動があって（経済活動には他に流通、消費という側面がある）はじめて社会は成立し、社会を維持するために法律や政治、そして学問や道徳が作り出される。それゆえ経済活動こそが社会の成立と維持には最も不可欠なものとしてあり、法律や政治などもこの経済活動をより円滑に行えるよう現状にみあった形で整えられることになる。経済活動も時代や地域、あるいはその時々の状況によって変わるだろうから、それに応じて上部構造も変わっていくのだ。だから、上部構造は下部構造の反映であると言えるのであって、つねに下部構造によって規定されるのである。

かくしてマルクスはこう述べる。**「人間の意識がその存在を規定するのではなく、人間の社会的存在がその意識を規定する」**。

マルクスは目の前にいる人間たちのあり方を見て、そこから彼の人間観を示したのであるが、ところがそれはとんでもないことであったのだ。これまでの常識的な人間観を根底から覆してしまったのだ。近代哲学、そして私たちも、自分の意識は自分自身がコントロールし、自分で決めていると思っているが、実はそうではない。その人の生活のあり方——生活の中心は生産活動になるのだから、生産活動の仕方やあり方が——その人の意識形態を決定しているのだ。

近代哲学は、人間は自由な意志を持ち、自分も含めた社会を能動的に作り出していく〈主体〉であると主張してきたのに対し、実は自分の意識すらも生産活動という意識の外にあるものによって作り出され、規定されてしまうとマルクスは言うのだ。食っていくためには生産現場に入り、その場にふさわしい形で労働を行わざるを得ないが、そこでの活動がその人の意識を、当人も知らぬ間に、決定してしまう。近代哲学は、人間は自由であるとみなしてきた。自由とは自分以外の何ものからも拘束されないことである。動物は自然因果律に縛られ、それに従属しているがゆえに不自由である。しかし人間は自由であるから、自分で何でも決定できるとされてきたが、ところが生存するためどうしても行わねばならない経済活動によって意識が規定されてしまう、この人間の受動的あり方をマルクスは白日の下にさらしたのだ。

こうしたことを前提にして、さて歴史についてであるが、やはり歴史も人々の物質的生産活動が基盤となりながら展開される。マルクスは、**歴史の展開は生産力と生産関係との間の「矛盾」を原動力として展開されると主張する。**生産力とはまさに物を生産する力である。人力や動物・自然の力に頼らざるを得ない状態から機械化を進めれば、生産力は増大するだろう。さらに生産効率を上げるシステムの開発も生産力を上げていくに違いない。

生産関係とは、封建社会では領主と農奴、資本主義社会での資本家と労働者というような、生産過程で人々が相互に取り結ぶ社会関係である。この関係は、生産手段（何かを生産するのに必要になる原料・道具・土地・工場・倉庫等）を誰が所有するかという所有関係が基礎となる。もちろん生産手段がなければ生産できないから、生産手段を持たない者は、生産活動を行うためには生産手段を持つ者に従属せざるを得ない。それゆえ生産関係はつねに主従関係、上下関係である。資本主義社会においては、生産手段を持つ者（ブルジョアジー）はたいてい裕福であり、持たない者（プロレタリアート）は相対的に貧しい。それゆえ、**生産関係はつねに「階級関係」となる**。有史以来、人間は生産活動を続けてきたのだから、そこにおける人間関係はつねに「階級関係」がつきまとう。裕福な者と貧しい者は住む世界がまったく別、階級が異なるのだ。

それは現代でも同じである。現代社会においては、各人は平等であると一応はされているが、「実際は違う」ということは誰もが知っている。「格差」と言われる「階級関係」が厳然として存在する不平等社会なのだ。格差＝階級関係は経済活動の中で作り出され、下層の人々はいつまでたっても上層階級の支配から逃れられずに、上層階級に従属し続けなければならなくなっている。生産手段を所有する支配階級にとっては現状が維持される方が良いに決まっているわけだから、昔から、ある生産関係がひとたびできあがると、生産関係は停滞し固定化する傾向を持っている。

階級の形成と固定化――剰余価値と搾取

では、なぜこの階級関係は維持されてしまうのか？　つまり、裕福な者は裕福であり続け、貧しい者は貧しいままなのか？

マルクスの答えは、**「搾取」**である。

市民社会では私たちは労働者であるのと同時に一人の市民である。市民は自由と平等という天賦の権利を持ち、この権利はどんな状況においても侵されない権利である。もちろん労働現場においてもこの権利は侵害されてはならない。生産手段を持たない労働者が持っているものとは、自分の労働力だけである。労働力とは商品を生産する能力である。労働者は、労働市場で、資本家との間で、自分の労働力という商品を売り、その見返りに賃金を支払ってもらうという契約を結ぶ。この契約は、形式上は、自由意志で行われた、対等な雇用関係の契約である。

労働者は資本家に対して労働力商品を売る。そしてその「対価」として賃金を得る。その賃金とは、この労働力の生産費（労働者の生活費）である。これであればたしかに対等な交換関係であろうと思われる。ところが、資本家から受け取る賃金が「労働の対価」という外見をとっているがために覆い隠され見えないものがあるのだ。

労働者も熟練すれば同じ時間内で以前よりも多くの商品を生産できるようになるだろう。そうすると、労働者が資本家の下で働く労働時間のすべてのうち賃金分にあたる労働時間は、通常の労働時間の一部に過ぎなくなる。では、残りの労働時間での労働（剰余労働）はどうなるのか？　もちろん剰余労働でさらに労働者商品を生産させ、その商品を売ることで企業には以前よりさらに利益が出るようになる。では、その利益はどうなるのか？

資本家の懐に入るわけである。**剰余労働によって生産される価値額を「剰余価値」と言うが、これを丸ごと資本家はもっていってしまうのである。これを「搾取」と言うのだ。**

剰余労働は労働者から生まれるものだから、そこから得られる利潤は、本来は労働者のものである。ところが、それを資本家が「横領」してしまうのである。これを続ければ、資本家は金持ちであり続けることになるだろう。そして資本家と労働者との経済格差はどんどん広がっていき、労働者は相対的に貧しいままとなる。

剰余価値はもともと労働者が自分の労働力を使って生み出したものであるのだから、労働者のものであるはずなのだ。剰余価値で会社が利益を得たのなら、それを賃金として労働者に支払う義務が資本家にはある。ところが資本家がそれを根こそぎ奪ってしまう。当然のことながら、労働者には剰余労働で得た利潤を奪い返す権利があるはずである。

ところがこのことが「自由」と「平等」というイデオロギーによって覆い隠され、労働者自身にも見えなくなってしまっている。あるいは法律も政治も現行の経済体制を維持するために働く、つまり資本家に有利になる（資本家による搾取は現行の法においては「違法」ではない）ようになっているから、余計に見えなくなる。たとえこの不平等が顕在化し、この事態を是正しようと奮闘する下層階級の人々が現われたとしても、経済力を持つ資本家が政治的力を駆使して（ときには露骨な暴力によって）それを抑え込むだろうから、さらに見えにくくなる。

法律・政治・道徳・学問などの上部構造は、生産活動である下部構造の反映であるとマルクスは言った。自由と平等というイデオロギーが権利として認められるようになったのは〈近代〉の市民革命を通してである。これによって市民社会が成立するのだが、その時代は資本主義が発展していく時代でもあった。当時「市民」と呼ばれたのはブルジョアジー、すなわち資本家である。ブルジョアジーらが王や貴族から社会を奪還し、平等な市民として自由に経済活動できるような状態をつくることが市民革命の大きな目的であった。ブルジョアジーの生産活動のために自由と平等というイデオロギーと法＝権利が必要だった。要するに、上部構造は下部構造の反映であるということだ。そしてブルジョアジーたちは市民革命が勝利した後、さらに自分たちにとっての自由と平等を実現する社会をゆるぎないものにしていった。資本主義社会が続くかぎり、ブルジョア社会も続く、というわけだ。

マルクスは、**近代市民社会では万人は平等であると一応はされていても、しかし資本主義が存続していくかぎり、経済的不平等は必然的に生まれるということを示したのである。**だから、現代に至っても経済的不平等は厳然として存在しているのである。資本主義社会は放っておいても不平等社会になってしまうのである。

これは下層階級の人々にとっては容認しがたい事態である。状況が下層階級にとってもはや耐えられないものとなれば、不満が噴出し、ときの支配階級を打倒する闘争を繰り広げることになるかもしれない。そのとき革命が起こる。

生産力の増大は新たな生産関係の確立を呼び起こす。下層で抑圧されてきた人々が支配階級を打倒し、それに代わって社会を支配するようになる日が訪れるかもしれない。生産関係においても真の平等が実現される社会である。この生産関係の根本的変革が革命である。革命によって確立された経済的土台に応じて新しい社会制度や精神文化も生まれてくる。歴史とはこのように形作られていく。市民革命もこの定式に沿って達成されたのだ。

そこでマルクスのテーゼ、「人類の歴史とは階級闘争の歴史である」。このようにマルクスは歴史を説明した。歴史は、人々の物質的な生産活動を基盤としながら、そこで展開される階級闘争によって進展するということである。

戦争の克服と社会主義革命

マルクスがこの世を去った後、資本主義はさらに発展し、先進資本主義国は利潤を求め国境を越え、拡大していった。こうした拡大の時代はまた植民地戦争や帝国主義戦争が激化していく時代でもあった。第一次世界大戦を経て、兵器の飛躍的な開発が進み、戦争はこれまでとは比べものにならないほど大規模に展開され、大量殺戮が行われるようになっていた。レーニンらマルクス主義者たちは、こうした戦争を克服するために立ち上がる。マルクスの思想は彼らの思いに見事に応え、明快な答えを示してくれた。

なぜ国家間で戦争が起こるのか？　原因は資本主義にある。資本主義は本質的に利益拡大のために市場を外部へと広げていくものであり、資本主義国家は国内から海外へと進出していくのはある種必然である。ゆえに資本主義的国家は必然的に他国を侵略せざるを得ない。その結果として資本主義国家は資本主義的に遅れた他の国を軍事的に抑え込み、植民地化し、先進資本主義国家間では海外市場の争奪戦が繰り広げられ、戦争が起こることになる。したがって戦争を起こさせないためには、資本主義経済を廃止するしかなく、資本主義の基礎である私有財産制に終わりを告げることである。そのためには社会主義革命を達成することである。そして実際にロシア革命がなされ、ソヴィエト連邦が樹立された。

そして、第二次大戦後、植民地化されていた国々も西欧列強の支配の軛から解放され、独立を勝ち取ることになった。その多くが自分たちをこれまで苦しめてきた資本主義に代わる国家制度として社会主義を選択した。このこと自体が、また二〇世紀の知識人たちに希望を与えた。歴史的にこれまで様々な思想があっただろうが、国家建設という大事業を達成できるような力を持った思想、抑圧され、搾取され、苦痛をなめてきた人々が逆境をはねのけ、主人公になれるような社会へと導いてくれる思想、戦争の元凶を取り除き、世界平和を実現し得る可能性を宿した思想、それはマルクスの思想をもって他にはない、第二次大戦後の世界の知識人の多くはそう考え、マルクス主義の下に集ったのだ。

壮大な実験であった社会主義

たしかにマルクスの思想はこれまでの近代的な認識の枠組みを根底から覆し、旧来の枠組みからは見えないものを見させてくれる、まさに〝革命的な〟思想であった。また、マルクスの思想は社会主義という資本主義に代わる「別の社会」も指さしてくれた。しかしマルクスの思想に影響を受け建設された社会主義国家は、二〇世紀の末にそのほとんどが崩壊してしまった。

社会主義国家は資本主義を否定することによって建設されたがゆえに、国家の中から資本主義的なものを一切排除することに努めた。経済も欲望にかられた金儲け主義に走ることがないよう国家の統制のもとで行われ、それを可能にするための強力な「治安」体制も整えられた。国家の監視のもと、人々の欲望は抑圧され、つねに社会主義的人間として正しく行動することが強要され、逸脱することがあれば逮捕・処刑する、しかも抑圧は国家からだけではなく、国民相互の監視と密告によってもなされるというような極限的な管理社会であった。さらには平等な社会を実現するはずの社会主義社会は、一部の特権階級がその他の圧倒的多数の人々を支配するという完全な階級社会、不平等な社会であった。その特権階級内でも、社会主義的人間として正しく行動できない者、歴史の大義に背く者と判断されると、容赦なく粛正される。あるいは、別の社会主義国で民衆による反政府運動が起これば軍事侵攻し、圧倒的な軍事力で民衆運動を抑えつけ、虐殺することも厭わない。そして資本主義国家との軍拡競争に明け暮れ、東西冷戦体制を地球の上につくり出し、世界の人々に緊張と抑圧を強いた。こうした事態は、かつてマルクス主義に希望を見出し、大きな期待を寄せた知識人たちに衝撃と落胆を与えることになった。そしてソ連邦は二〇世紀の末、チェルノブイリ原発事故を経て消滅した。

東西冷戦後、西側資本主義国家の人々は、自由主義＝資本主義の勝利であると喧伝した。だが、その資本主義国家は様々な問題を抱え、その問題は解決の糸口を見出せぬまま深刻の度を日々つのらせている。また、冷戦体制は終わっても、戦争は世界のどこかでつねに行われ、虐殺される人々の叫び声が世界にこだまする。資本主義国の一員である日本も、経済大国と言われながらも、経済は低迷し、格差社会が深刻化し、多くの人が子供を産み育てるというごく当たり前の人間の営みもままならならず、挙句の果てには餓死者も出してしまう始末、かつてソ連が原発事故直後に崩壊したように、原発事故を経験した日本にもその終わりが迫っているのではないか、そんな妄想が頭をよぎる状況である。

たしかにマルクスの思想にはきわどいところがあった。唯物史観はヘーゲルの観念論的歴史観に対抗し、それに代わるものとして提示されたが、マルクス主義者たちは、勢いのあまり敵対する歴史観をイデオロギー的空想として退け、自らの歴史観を「科学的」と称した。唯物史観は「歴史法則」という「絶対的真理」を明らかにしたのだ、と。「絶対的真理」である以上、これに抗うことは誰もできない。どんなに抗っても、真理である歴史法則にしたがって、革命は必然的に起こるはずだ。それゆえ成し遂げられた革命は歴史的必然によるのであり、革命を認められない者は、そもそも「誤った認識」をしているのである。人間は（理性的であるがゆえに）つねに正しい認識を望むものであり、正しい認識は「よいもの」である。それゆえ認識を誤ったままに放置しておくことはそもそも人間として間違っているし、「悪い」ことである。このように主張するマルクス主義では、「認識の正しさ」が「倫理的正しさ」に直結する。これに加え、革命は人々に幸福をもたらすものである以上、革命を認めない者は不道徳な者である、という考えが加わる。このような論理のもと、実在した社会主義国家では国家に異議を唱える者や忠実でない者を「悪」として排除し、抑圧してきた。自分たちや国家に逆らうから悪なのではなく、第一義的には歴史の大義に反するから悪なのである、と。スターリニズムはこれを大規模な形で展開し、歴史に暗黒の時代を刻んだ。

しかしマルクス主義を絶対的真理とする考えはあくまでもマルクス思想の継承者だと自称する人々が主張したのであり、マルクス自身のものではない。**また、マルクスは革命後の社会主義の具体像を何ら述べておらず、実際建設された社会主義にはマルクスはまったく関係しないと言ってよい。**しかしながら、レーニンもスターリンも「マルクス」の名の下で革命を成し遂げ、革命後の国家を運営し、結果として大きな過ちを犯したのである。また日本を含めたその他の国々でもマルクス主義者を自称する者たちは、ソ連と同じような過ちを繰り返した。やはりマルクスに罪なしとは言えない。人々を過ちに導くような理論的問題がマルクスの思想をめぐる領域には存在するのである。

だが、こうした事態をのりこえること自体がまた現代思想の営みにもなった。「スターリニズム」という形でマルクス主義の功罪が明らかになってもなお、マルクスの可能性に賭ける者は、もう一度マルクスに戻り、マルクスの思想によってマルクス主義を批判検討したのである。

しかし、忘れてはならないのは、マルクス主義は抑圧・搾取され、虐げられてきた人々の希望であったし、資本主義の矛盾をのりこえ、資本主義に代わる社会を具体的に展望す

ることを可能にし、真に平等な社会を構想したということである。残念ながら、マルクス主義者たちの果敢な挑戦は、取り返しのつかない悲劇を伴いながら、壮大な歴史的実験として失敗したと言わざるを得ない。しかし、だからと言って理想社会を希求し、実際にそれに取り組んでいくことが否定されたとか不可能になったということを意味するのでもなければ、マルクスの思想そのものが失効したことを意味するのでも決してない。それはニーチェの思想はナチズムに影響を与えたからダメであるというのと同じであり、思考することを放棄した単純なレッテル張りにすぎない。

問題はマルクス主義も含めて、あるイデオロギーが社会の中で絶対化され人々を支配するようになったとき、それに異議をはさむ者は排除され抑圧されるということである。しかも学問が「客観性」をまといながら、「真理」を唱え、支配的なイデオロギーに貢献するとき、「知」は権力を支える道具と化してしまうということである。現代思想家たちは、この問題に注目した。

そこで大きなよりどころになったのが、ニーチェの思想である。

FRIEDRICH NIETZSCHE

第2章

ニーチェ 現代思想の源流 II

ニヒリズムが一九世紀のヨーロッパを覆っていた。
人々は現実の世界を呪い、自己の生を否定する。
この事態をのりこえるためにはニヒリズムの徹底化である。
その先にこそ、今を悦楽し、
自己肯定感に満たされた超人が現れる。

キリスト教道徳とルサンチマン

おそらく現代思想家たちに影響を与えたナンバーワンの思想家であろう。私たちが日頃自明としているものごとの裏に潜み見えないものをえぐり出し、私たちの認識を根底から覆してしまうその思想的営為は、思想が持ち得る爆発力というものがどういうものかを見せつけてくれる。ニーチェは、そのような思想家である。

ニーチェは、彼が生きる十九世紀のヨーロッパの文化が深刻な病におかされていることを察知した。**「ニヒリズム（虚無主義）」がヨーロッパ全土を覆っていたのだ。**それは人々が「無を欲する」ことを理想とする異様な世界である。なぜこのようになったのか？ その原因をつきとめるためにニーチェは歴史の深層へと潜り込んでいく。

そのとき、ニーチェが提示した方法を**「系譜学」**という。系譜学はのちの現代思想家たちに大きな影響を与えた。ニーチュ自身はと言えば、系譜学によってヨーロッパ文化が陥った病理の原因を探索することを試みたのである。私たちは自明としていることがらを、それが自明であるがゆえに、あえて疑うことはしない。だが、まずもって系譜学は自明なものを拒絶するところからはじめられるのである。

ヨーロッパ文化が形成されていく過程でその中心を占めてきたのはキリスト教、とりわけキリスト教道徳である。道徳とは人々の行為を律するもの、それなくして人間たちは社会生活を営むことができないものである。ヨーロッパ文化における道徳は、キリスト教によって形成され、人々は永らくそれに従って生きてきた。それゆえ、ニーチェの系譜学はキリスト教に照準をさだめる。

一般的に、道徳は善悪とは何かを語る。しかし「よい」ことは時代や地域、そして個人によって変わるものである。とはいえ、私たちは一般的に「親切」や「思いやり」など他人を気遣うことは「よい」ものであると考える。反対に「自分勝手」とか「自己中心的」などであることは「悪い」ことである。しかし、自分が好きなようにすることは、そうすることが自分にとって「よい（好い）」と思われるからであり、それも「よい」ことの一つであることは間違いない。あるいは、「頭がよい」とか「性格がよい」などとも言うことがあり、ともかく「よい」は多義的であってしまう。とはいいつつも、やはり世間で言う「よい」の中心には、他人のためにすること、すなわち利他的行為があり、その行為を受けた他人が「よい」と感じる行為を「よい」としている。

ところが、「よい gut」の語源を遡ってみると、むしろ逆であったことが分かる。「よい」という概念はもともと「高貴／野卑」という対に由来し、「利己的／利他的」とは何ら関係ないのである。つまり、金持ちである、頭がよい、性格がよい、品がある、体力があるなど優れた性質を持つ者のその力の質を「よい」と呼んだところに起源があるのだ。反対に「悪い」とはそうした力を持たないことである。

様々な力があれば、有利に人生を送ることができるだろうし、余裕があるから他人を助けることもできるだろう。そして優れた者は、持っている力を発揮して人生を能動的に切り開いていけるという自己肯定感情を抱くだろう。そこに「よい」の起源があったのだ。したがって、「悪い」はそうした性質において劣っていることをいう。だからむしろ、「よい」の本来の意味は利他性ではなく、利己性に由来しているのだ。

もちろん現代でもこうした「よしあし」の判断は残っているが、しかし自分は優秀だから「よい」人間なのだと言ってしまったら、かなり顰蹙《ひんしゅく》を買ってしまう。では、なぜかつての「よい」の意味が否定され、現代のような利他的行為が「よい」と言われるようになったのか？

ニーチェは「よしあし」の起源には二つあると言う。一つは、前述した優れた者の自己肯定感情から生まれてきた**「騎士的・貴族的評価様式」**である。これは自己の内から素直にそのまま現れるので、直接的で能動的である。これが「よい」の第一番目の起源である。

これに対して現れたのが、キリスト教がつくり出した**「僧侶的価値様式」**である。キリスト教は弱者のための宗教であり、貧しき者こそ神に救われ、幸せになれることを教える宗教である。それゆえ、貧しき者、弱者こそ「よい」存在なのである。それに対して「悪」とは、弱者の対極にある立場、すなわち強い者である。第一番目の起源とは異なり、この評価様式は屈折している。

貧者は、なぜ自分は貧しく、弱く、惨めな立場にあるのかを問う。それは、強者が貧しい弱者を虐げ、抑圧し、富を独占しているからである。だから、強者は「悪い」。強者は、自分たち弱者をこのような貧しい状況に追い込んでいるから悪いのだというように、この評価には弱者の強者に対する怨念が潜んでいる。まずは「強い者（＝敵）は悪い」という否定的な評価をおいた上で、次に「だから、私たち弱い者はよいのである」というように相手（＝強者）に対する反発によって、反動的に評価を決定する様式なのである。つまり相手を否定しておいた上で間接的に自己肯定するのである。しかも、**「弱者＝善、強者＝悪、それゆえむしろ強者こそ可哀想な惨めな存在なのである！」というような、強者に対する反感・恨み・妬み、つまり「ルサンチマン」を内包しているのだ。キリスト教道徳の根幹には自己の不遇を呪うルサンチマンが潜在している。**

しかし誰でも「富」や「才能」や「社会的地位」のような力を欲するものであり、それらはやはり「よい」ものである。だが、弱者は現実的にそのような力を持ち得ない。だから、こうした価値様式は、現実的にはどうしても現状から抜け出すことができない貧者の、「せめて頭の中だけでは」というささやかな抵抗にすぎなかった。ところが、キリスト教は貧者のその観念的抵抗に具体的な形を与えてしまった。そしてキリスト教がヨーロッパを支配することで、これが理想として確立されることになる。ニーチェはこれを**「道徳上の奴隷一揆」**と言う。

こうした道徳は初期キリスト教によってつくり出されたが、しかし、この水準であれば、貧者を心理的に支える他愛ないものであった。ところがキリスト亡き後、キリスト教を世界宗教として確立したパウロは、屈折した価値転倒をさらに加えることになる。

キリスト教は原罪説を唱える。人間は誰もが罪を負って生まれてくる、と。人間は誰もが神に対して負い目を持っており、それゆえ誰もが疚《やま》しい存在である。人間の先祖であるアダムとエヴァは、欲に負け神の命令に背いたために楽園を追放され、地上に突き落とされた。そして彼らの子として生まれた私たち人間は、やはり欲に負けてしまい、つねに神の教えに忠実に振る舞えるわけではない。このようにキリスト教は人間たちの中に負債の念を植えつけた。これによって、それまで強い者に対して向けられた憎悪や恨みや敵対心は向きを変え、むしろ悪いのは自分である、負債を負っているにもかかわらずそれを返済できない疚しい自分であるという奇妙に転倒した道徳観念が生まれる。「良心の疚しさ」

である。良心を抱くほど、疚しい者として自己を断罪する。ルサンチマンはその深刻の度をさらに深めたのである。しかしこうした「良心」を抱ける者ほど「理想」に近い。

　キリスト教は徹底的に自己を否定し、欲望を否定する道徳を確立した。人々が神の教えなどそっちのけで欲望を貪るようなこの世は仮象の世界、誤った世界であり、本当の世界は「向こう側、彼岸にある」ということを教える。現実を否定する道徳、それゆえ人間の生そのものを否定する道徳である。「この世には意味も価値もない！」このニヒリズムこそが人々の「理想」となる。

　キリスト教の僧侶たちは、貧しさと苦しみにあえぎ、さまよえる人々に救いの手を差し伸べ、人々はそれにすがる。そこで僧侶たちは人々に対し他人に同情することの大切さを教え、苦しみの中にある者こそ神から救われ、愛されることになると説くようになる。だからこそ、**「苦痛」は忌み嫌ってはならず、むしろ愛すべきものである、と。**

　そこで大きな力を発揮するのが**「隣人愛」**である。どんな共同体でも同胞が困っていれば同情を抱き、手をさしのべるのはごく当たり前のことである。ところがキリスト教の隣人愛は、異邦の他人だけではなく、敵をも愛さなければならないと説く。そこからさらに、自分のことだけを考えることは悪いことであり、つねに他人のために尽くさなければいけない、それが善いことであると説きはじめる。自分のことなど考えてはならず、ひたすら神への忠誠と他人のために尽くせ、なぜならそれは「善」なのだから、自分の人生など楽しんではならない、それは「悪」である、これがキリスト教の説く道徳であり、これを理想として掲げたのである。人々はその道徳によって人生を律し、その理想を追い求め、自己の生を徹底的に抑圧し、自己処罰し、苦痛を積極的に求めるようになる。そのとき、僧侶たちの王国は完成する。現実の生を否定する「禁欲主義」を理想とする王国の樹立である。僧侶たちはその王国の主人として君臨し、人々を支配する。人々は叫ぶ、「この世にも、私の人生にも、意味などないのだ！」と。叫びはヨーロッパ全土でこだまする。ニヒリズムの暗雲がヨーロッパ世界を覆い尽くしたのだ。

まずは自分のことを考え、余裕があれば他人を気遣うというのが人間本来のあり方である。ところが、キリスト教はこの順番を逆転してしまったことに加え、自分のことを考えることを「悪」としてしまったのだ。しかもこれを理想とし、現実の生を徹底的に否定した。とはいえ、弱く貧しい者がこうしたキリスト教の教えを受け入れてしまうことは無理からぬことである。現状を変える力は彼らにはないからである。それでもしかし、生きなければならないとすれば、何らかの方途に身をゆだねざるを得ない。それがこのようなキリスト教の教えだったとしても、だ。「人間の意志は、一つの目標を必要とする。――そしてそれは欲しないよりは、まだしも無を欲する」。

苦悩の中にある者は、なにゆえ自分には苦悩が強いられ、これほどまで苦しまなければいけないのかというこの意味の分からなさに苦しむ。これに見事に応えてくれるのがキリスト教であったのだ。たとえ罪人の烙印であろうとも、それは自己の生に意味を与えてくれるのである。苦悩に意味が与えられることで、苦悩する者たちはある種の希望を獲得するのである。それゆえ禁欲主義的理想は、自分の存在の意味をつかめず不安の中にある弱者と、弱者の生に意味をもたらす僧侶たちとのこの相互依存関係が成り立つところに確立されるのである。

「神は死んだ」

ニーチェが生きる十九世紀の〈近代〉世界は、近代市民社会が確立し、近代科学が台頭してくる時代であり、前近代的迷妄から解き放たれた人々が合理的な認識をもって生きる時代となっていた。ガリレオの地動説、ニュートンの物理学、ダーウィンの進化論等の自然科学の発展はキリスト教の世界観を次第に覆していく。人々はもう神など信じない。キリスト教は以前のような力を持ち得なくなっていた。そんな時代だったのである。「神は死んだ」。ヨーロッパ全土を覆ったニヒリズムはキリスト教によって形成されたのだった。

ならば、キリスト教が衰退することによって人々がニヒリズムから解放される時代が到来したのか。否。むしろこの事態を迎えることによってニヒリズムは完成する。

キリスト教は神を中心とした物語を人々に示した。しかし近代科学をもって世界を認識する近代人は宗教的世界観などフィクションにすぎないとし、もはや認めることはない。彼らの多くは信仰を持たない無神論者である。だから、彼らはキリスト教を信仰することを愚かだと見下し、キリスト教の示す理想に反対するだろう。

ところが、彼らもまた別の「信仰」を持っているのだ。理性的存在者である人間は、科学的認識に磨きをかければ必ずや客観的な真理を得ることができるはずだとする「信仰」である。彼らは断固として正しい認識を追求していく、**「真理への意志」**を持った者たちなのだ。この「真理への意志」によってキリスト教的世界観やその道徳は力を失っていったかもしれない。ところが、キリスト教が持っていた禁欲主義的理想はこの「真理への意志」によって引き継がれていったのである。

「真理への意志」は、「必ず真理（＝正しいもの）がある」という「信念」を前提とするが、キリスト教も神という名の「真理」を追い求めるという点では同じである。むしろ真理への信仰はキリスト教の中において育まれたのである。真理への意志はみずからを育ててくれたものを否定することによって、現れ出たのだ。

近代の合理主義は、キリスト教が示すような世界観を認めない。世界は自然法則によって支配されており、そこには何ら意味も目的も価値もない。神なども人間が捏造した作り話にすぎず、道徳なども その時々に人間たちがとりきめたものにすぎない。それゆえ人生などにも何ら意味もなく、私たちは何の目的もなく生み落とされた一つの生物にすぎない。真理を誠実に追求すればするほど、世界にも個人の人生にも意味などないことだけがますます明らかとなる。

キリスト教は没落していくが、しかし、キリスト教がかつて占めていた場所は空席のまま、世界には虚無だけが残される。**「徹底的ニヒリズム」**がここに出現する。十九世紀の合理主義は、むしろニヒリズムを極限化したのだ。徹底的なニヒリストたちは世界の目的や意味を夢想することを禁欲する。近代の合理主義もまた禁欲主義者である。ここにヨーロッパのニヒリズムは完成をみた。

力への意志

キリスト教も近代の合理主義者もともに「真理」を追求する。そこからニヒリズムが生み出される。**ニヒリズムはヨーロッパ固有の現象ではない。人が「真理」を求めるとき、**

必然的に引き起こされる現象なのだ。それゆえ「真理」とは何かを問わなければならない。そのときニーチェは、**「力への意志」**という概念を導入する。

これまで人間たちは、哲学者などの学者たちを中心としながら、「真理」が必ずやあるに違いないと考えてきた（というよりも、そう願ってきた）。「真理」とは事物の真の姿、あるいは世界の究極（＝根源）であり、客観的、あるいは普遍的なものである。それゆえどんな時代でもどんな地域でも、誰でもどんな状況でも、「真理」は変わることなくつねに唯一正しい事実としてあり、人間は理性を使用してそれを認識できると考えてきた。「真理」を認識できないときがあれば、それは理性的認識の鍛錬が足りない、あるいはそこに欠陥があるからだ、と。

こうした私たちの真理についての観念に対して、ニーチェは言った。**「事実なるものはない、ただ解釈だけがある」と。**たしかに、一つのものごとにも様々な「解釈」があり得る。そして、数ある「解釈」のうちの一つが「真理」として主張される場合も、またあり得る。確信をもって「これは真理である」という一つの「解釈」が示されるのである。

しかし、なぜ様々な「解釈」があるのか？　そのときニーチェは、その人にそのような「解釈」をさせている根本の動機を問う。なぜ、その解釈がなされたのか。その根源を求め、さかのぼるとき、さかのぼることができない地点につきあたったときにあるものが「力への意志」である。

たとえば、神の存在は、信じる者もいれば、信じない者もいる。どちらが正しいかと問うことは確かめようもないから無意味である。そこで問い方を変えてみる。どうしてそのような確信が生じるのか？　僧侶なら、神の存在を否定してしまえば、自分の存在意義も食いぶちも失うことになろう。自然科学者なら、神の存在を認めてしまえば、自分の唱える科学理論が嘘になってしまい、これもまた生きていくには困難な事態を招いてしまう。

あるいはミルクは赤ちゃんにとって唯一の栄養補給源であるが、大人にとっては飲み物の一つでしかない。生肉はライオンにとってはご馳走であるが、人間にとってはそのままでは食べられないものである。

このようにものごとの姿は、それを認識する主体の生存条件に応じて異なった「解釈」として立ち現れる。「力への意志」とは、一つの生命体がものごとを解釈するときの根本的な動機となっているものである。ニーチェは次のように言う。

「これこれのものはこうであると私は信ずる」という価値評価が、「真理」の本質にほかならない。価値評価のうちには保存・生長の諸条件が表現されている。

（『権力への意志』）

人間たちがこれまで抱いてきた認識図式とは、まず不動の客観的な対象（＝世界の秩序）があり、これに合わせて主体が認識するというものである。それに対してニーチェは言った。不動の客観的な対象などなく、秩序化以前の混沌とした世界があり、生命体が自己の「保存・生長の条件」や「支配欲」に応じて、世界を「価値評価」することで、様々な「解釈」がなされ、生命体ごとの世界がそこに立ち現れるのだ、と。**その事物（＝対象）が何であるかは、それを認識する生命体の生存条件、つまり「肉体」によって決定される。**生命体はそれぞれ固有の生存条件、「肉体」を持っており、それに有益性をもたらすかどうかに応じて世界を解釈し、秩序化し、自分の生存を可能にしている。「支配欲」とは、生命体は「より生長していくこと」「より強くなること」を欲するものであり、このような自己拡大の本性のことを言う。これが根源となり、そこから「力への意志」が発するのである。こうしたことをニーチェは**「遠近法」**を介して発見したのである。「遠近法」とは、単純に言えば、視点の持ちようで見え方が変わるということである。

結局すべてが解釈であるなら、そこには強い解釈と弱い解釈があり、キリスト教は強い解釈として、つまり「真理」と認められてきたということにすぎない。そうではあるが、圧倒的な物質力をもって人々を支配してきた。

世界を「価値評価する力」を持つのは生命体だけである。無機物はただそこにあるだけだが、生命体はつねに自分の身体を「保存・生長」していかなければならないからである。自己の身体の保存と生長に応じて価値評価するこの「力」こそが、解釈の根源なのである。

これは「世の中には様々な解釈があるだけで、絶対的な認識はない」というような相対主義・懐疑論とは一線を画す。生命体は生きていかなければならないから、自分の生存に必要・有益な条件に応じて、つまり「肉体」に応じて世界を価値評価し、これによってその生命体固有の世界の秩序が存在させられ、この価値評価する「力」が世界の存在の根源であることをニーチェは発見したのだ。こうした世界の存在論的原理を主張することで、「真理」、「客観的対象」、「客観的認識」という概念を葬り去ってしまった。**相対主義や懐疑論ではなく、「肉体」から発する「力」の思想によって、これまで人間たちが抱いてきた認識論を崩壊させたのである。**

これまで、とりわけ哲学は、人間と人間にかかわる事柄を考え語るときに「意識」を中心にして考察を進めてきた。ここに人間たちが迷い込んだ虚妄があるとニーチェは言う。「意識」はつねに思考を行う中で「意味」「目的」「目標」を作り出し、それらなくして意識は存在できない。しかしそれらは「力への意志」が「生長しよう、より強くなろうと欲する」根源的な現象から派生する形態にすぎない。だが意識はそのことに気づかない。

生命体のより強くなろうとするその力が根源となって、次に人間たちが「意識」の中で「意味」や「目的」を作り上げているというのが本来の順序なのだ。だが人間たちは「意識」をまず置き、それを中心にして人間や人間に関することがらを考えるというような誤りを犯してきてしまった。

キリスト教は「意識」を中心にしてものを考える。もちろん私たちもそうである。そして意識は、生き難さからルサンチマンを抱き、そこから「真理」や「真の世界」や「神」や「善・悪」の観念をつくり出し、それらを基準にして現実の生を否定し、断罪する。ここにヨーロッパのニヒリズムが完成したからである。

超人の思想

問題は、しかし、いかにして生を否定するニヒリズムをのりこえるかである。そのときニーチェは言う、**「超人」**と**「永遠回帰」**、この二つの概念によってである、と。

近代科学はキリスト教を没落させたが、しかしそれに代わる価値を生み出すことはできず、キリスト教的価値を温存させながら生き延びた。それによってヨーロッパ文化がもともと内包していたニヒリズムは完成されてしまった。眼前に虚無の世界が広がっているなら、これを逆手にとって、徹底化すること、**「ニヒリズムの徹底化」**である、これが、ニーチェがとった戦略である。

まずは、これまでの「理想」や「道徳」などの価値を徹底的に葬り去ってしまうことである。そして、そこから新たに価値を創出するのである。「力への意志」を根拠にして、革新的な「目標」を立てること。この目標が「超人」である。「超人」とは自分の持つ力をきちんと認識し、つねにそれを肯定的なものとして認め、動かすことができる、ルサンチマンの罠にはまらない「強者」である。この思想は最初にとりあげた「貴族的価値評価」が持つ直接的な自己評価からくる「よさ」を基盤にしている。結局、自分を自分自身で肯定できるためには、やはり直接的な自己評価以外にはあり得ないのである。

しかし、超人の思想は、民主主義の否定、英雄賛美、強者と弱者の分離、高貴な血や遺伝の強調など、たいへんきわどいこととセットになっており、実際この思想はナチズムに利用されたという歴史的事実がある。これに対して、ニーチェは反ユダヤ主義を嫌悪していたとか、これらが著されている『権力への意志』の、「訓育と育成」の章は、妹のエリーザベトによって編集されたものであるからニーチェの本意ではないとの反論があるが、ともかくニーチェの思想はまさに「解釈」のしようによっては危険きわまりないものになり得るということは間違いない。まさにマルクスの思想がたどった運命と同様である。そのような事情も加わり、もととも難解な「超人」と「永遠回帰」の思想は、論じる者によって見解が様々に分かれる。ここではスタンダードな見解だけをとりあげる。

まずは「超人の思想」についてである。

ニーチェは、ルサンチマンは、現実に優れた者（強者）と劣った者（弱者）が存在し、つねに前者が優遇されるという不平等な事実を認めたくないところから生じると考える。不遇を生きる者は、「平等であればいいのに」という思いを抱き、そこから「本来は平等であるべきなのに、許せない」というルサンチマンが現れてくるようになる。そしてこの考えを押し進めていき、生の否定へと行き着く。**したがって問題は、ルサンチマンが生み出される根元を取り去ることである。その根元とは「平等思想」である。**

キリスト教は「神の下の平等」を唱え、近代社会は自然権としての平等を確立した。しかしこれもやはりイデオロギーの一つにすぎない。優れた者と劣った者がいることは厳然たる事実であるからである。こうした「平等主義」は、実はこの厳然たる事実を否認するルサンチマンから生み出されたイデオロギーなのである。人間たちを「平均化」することで、しかし事実として誰もが異なる能力を持ち、そこに優劣の価値が与えられてしまうわけだから、ルサンチマンはますます増幅し、温存される。人間たちの「凡庸化」は、人間たちを（ルサンチマンを抱くような）一層弱い存在と化してしまうのである。

そういうわけだから、ニーチェは、むしろ優れた者と劣った者とを分離し、そこに階序を設け、明確にする必要があるのだと主張する。「高貴な者」と「凡庸な者」との距離をさらに大きくし、それぞれの固有性をはっきりさせるのである。これは「強者の論理」ではない。強者の論理は、「とやかく言っても結局力を持つ者が勝利する」というものであり、それはニヒリズムの一形態でしかない。それゆえニーチェは強者が弱者を抑えつけることを目指しているわけでもない。また、現実に強者と弱者がいることを認めることが「強者の論理」だと非難することは、現実の否認でしかなく、これまたルサンチマンを産出する。

往々にしてルサンチマンは不遇な境遇にある弱者ほど抱く傾向がある。この大多数の弱者を巧みに組織した者が支配者となり、キリスト教はそれを実際に行ない、長きにわたってヨーロッパを支配してきた。その後の世界もやはり弱者のルサンチマンを組織し得た者こそが支配者となる。支配者はときに「平等主義」を声高に唱えることによって、自分たちの支配を隠蔽し、隠然と弱者たちのルサンチマンを保持し、さらに発酵させる。

万人は平等であるとされ、ルサンチマンが蔓延する空間では、弱者は強者を妬み、憎悪し、恨み、強者は弱者を見下し、自惚れる。傲慢や自惚れはルサンチマンの裏返しにすぎない。また、平等主義の下で醸成されたルサンチマンは、他人が生を楽しむことを妬み、それを許さないという心理が働いている。生を充実させることを互いに抑圧し合い、その結果人々は「凡庸化」を強いられることになる。

もし私たちが各々の力の差を認めず、なお平均化を求め続けるならば、世界は私たちのルサンチマンをうまく組織化する者の手に渡ってしまうだろうし、実際彼らの手に渡っている。そして私たち個々人の生は否定され、生を楽しむことは抑圧される。あいもかわらずニヒリズムがあたりに立ち込め続ける。

「超人の思想」はこうした事態をのりこえるために必要なのだ。まずは強い者と弱い者と力の差を認めた上で、どこでルサンチマンが生み出されるかを見きわめることである。そして弱者は、自分より優れた者を妬んだり、憎んだり、あるいは自分より弱い者を見つけていい気になったり、相対的にルサンチマンを抱いたり、ルサンチマンを自己に向けてみずからの生を否定するようなことはやめて、「強い」「高い」者が示す高次の生き方をモデルにし、それに憧れつつ生きることである。また、**強者は凡庸な人間に自分を合わせたり、また凡庸な者に対して優越感を持ったりしないで、自分より弱い者を励ましながら、いっそう高次の生き方を目指すのである**。これが「超人」に込められた思想である。

永遠回帰の思想——生の充溢のために

次に「永遠回帰の思想」である。しかしこの思想もまた難解であるのに加え、論者によって見解が分かれる思想であるが、ともかく**ニーチェがめざしたのは生を否定することなく、生を肯定し、生の充溢を得ることである。**

永遠回帰とは、世界はまったく同じ状態を、何から何でも同じ順序で永遠に反復するということである。この思想は当時最新鋭の物理学である「エネルギー恒存の法則」から着想を得ており、時間にははじまりも終わりもなく、世界は永遠に回帰するという物理学的仮説、つまり機械論的な世界解釈を思想として練り上げたものである。しかし「永遠に回帰する」という世界観によって何が言えるのか？　それは、以下のような考え方を一切無効にできるということである。

一つは、世界は神が創造したものであり、何らかの「目的」を持っているということ。二つには、世界は神が創造したのかどうかは分からないが、歴史は「進歩」し「発展」するということ。三つには、世界はある時点ではじまり、その後、機械的因果によって動いているということ。以上のことは、エネルギー恒存の法則から着想を得た永遠回帰の思想を認めるなら、成り立たなくなる。世界ははじまりも終わりもなく、ものごとが同じ順序でただ反復するだけである、これが永遠回帰の思想だからである。どうしてそんなことを言う必要がニーチェにはあったのか？　それは、ニーチェにとって問題なのは、ニヒリズムとその元凶となるルサンチマンをのりこえることだからである。

「永遠回帰の思想」を受け入れると、これまで神学や哲学などの世界観の中心にあった神のような超越的なものを一掃することができる。**永遠回帰の思想は「世界ははじまりも終わりもないのだから、意味や目的などもない」ということを言っているからだ。**そしてそこから帰結するのは、**「ただ単にあるがままの世界があるだけだ」**ということである。

それだけではない。現代人のような神を信じない者は、「死んだらそれで終わりだから、せめて生きているうちには……」と考え、現実の中で何とか自分の「生きる意味」を見出そうとするだろう。だが、永遠回帰の思想は「結局、すべてははじめから決定されているから、何をやっても同じである」と言い、人間から「生きる意味」を自分で決定する「自由」を奪ってしまう。

永遠回帰の思想は、「世界は同じものが同じ順序でただ反復し、それゆえこのようにある他ない」、そして「世界にも人間一人一人の存在にも意味など一切ない」と述べるわけだが、それは結局「ニヒリズムの徹底化」なのである。しかし、これを通過する以外にはニヒリズムの克服はないとニーチェは考える。ヨーロッパのニヒリズムは、キリスト教が神と道徳を掲げ、哲学や自然科学が真理を掲げ、人々がそれらを信奉し、信奉することこそが「理想」とされることによって生じてきた。だから、こうした「理想」を一切持てないよう、その根元からそうしたものをすべて取り除く必要がある。すべては無意味である！と。ニヒリズムを極限まで徹底化することでしかニヒリズムの克服はできないのだ。

だから、**永遠回帰の思想は、私たちに問うているのだ、このニヒリズムの徹底化に耐えられるかどうか！　と。**永遠回帰の思想は「精選する原理」なのだ。これに耐えられる者こそニヒリズムをのりこえられる。一切の超越的「意味」を拒否するニヒリズムの徹底化を実現したとき、はじめて「力への意志」が解き放たれる。

永遠回帰は同じものが永遠に反復することを言う。ルサンチマンを抱く者は過去を呪う。「こうあるべきだったのに……現実は違う」と嘆き、自分の不遇の原因を過去に見出そうとするが、しかし過去はもはや変えようがない。過去の動かしがたさに直面したそのとき、観念の中でルサンチマンを燃えたぎらせながら過去に復讐する、「世界はこんなはずではなかった、だから、こんな世界など、滅びてしまえ！」過去に対する呪詛が、現実を仮の世界と見なし、生きていること自体を否定する。ルサンチマンを抱く者は、「たった一度の人生なのに……」と過去を悔やむ。

しかし、人生を直線状に進行する時間の流れであると想定できなくなれば、もはや過去は場所を失う。もちろん未来もない。永遠回帰ははじまりも終わりも、過去も未来もなく、時間はただ円環を描き反復するだけである。何度も何度も同じものが繰り返す。だから、

永遠回帰の世界では、過去に対する復讐はもはや不可能になってしまう。ルサンチマンの基盤そのものが崩れ去っているのだ。

自分がそのような永遠回帰の世界にあるとすれば、人はどう考えるだろう。いくら苦悩の中にあったとしても、いまここにある現実を受け入れざるを得ないだろう。しかしここでは、問題になるのはいかにして「是認」を「肯定」へ、つまり「しょうがなく受け入れること」ことを「これでいいのだ！」へと持っていくかである。

人間は、どうすればいまここにある自分の生――たとえそれが不遇で大いなる苦悩に苛まれていても――を肯定できるのか？　これはなかなか困難なことである。しかし、ニーチェは一つの賭けに出る。

人生においてたった一瞬でも「絃のごとくに、幸福のあまりふるえて響きをたてる」ことがあれば、心の底から生きていることを肯定できるときがあれば、「この瞬間よ、戻って来い！」と言えるかもしれない。その瞬間以外の人生のすべての時間が悲惨にまみれた苦悩であっても、「人生よ、繰り返せ！」と言えるかもしれない。ニーチェはこれに賭ける。

永遠回帰の思想の中核は現実肯定である。この現実を、過去や未来の外部の時間性によってではなく、現実そのものによって肯定すること、この瞬間の自分を他者という自己の外部にあるものによってではなく、この瞬間の自分自身によって肯定することである。これを可能にするのが「超人」である。

ニーチェには**「精神の三つの変化」**というものがある。まず最初に「ラクダ」であり、それは「重荷に耐える精神」である。ラクダは、やがて「ライオン」へと変化を遂げ、自分が背負う重荷を投げ捨て、これまで自分を縛ってきた様々な権威に反抗し、それを破壊する。しかしライオンの段階では、みずからが破壊した後の空虚に新しい価値を創出することができない。これを可能にするためには、精神は、無邪気な「子ども」へと変貌を遂げなくてはならない。

無垢である子どもは、この「いま」を生き、この「いま」を悦楽する。子どもは、目的を持たず、無意味な繰り返しを生き、世界と一体となって遊ぶ。子どもは「いま」を否定することなく、ただ肯定するのみである。こうした子どもの自己肯定感の中にこそ「超人」は現れる。精神が子どもへと変貌を遂げること、ニーチェはそれに新しい人間の誕生の未来を見たのである。

権力批判者としてのニーチェ

キリスト教の禁欲主義のような、「自分のことは考えず、他人のために尽くせ」という道徳的命令は人間の基本的な自然性に反するために、普通なら受け入れられない。しかしある特定の状況においてはそれが可能となる。人々が、現実の世界を超えた超越者の存在を「真理」として信仰するときである。超越者が「他人のために尽くせ」と命令するとき、それに従うことは「正義」となる。キリスト教はこれを巧みに組織した。

まず、苦悩の中にある人々は自己の救済を求める。そこでキリスト教は神という超越者を示し、人々は藁をもつかむように神にすがる。それだけではない。往々にして人間誰でもルサンチマンを抱くものだが、貧困にあえぐ者ならなおさらルサンチマンを抱くだろう。キリスト教はこの貧者たちのルサンチマンを利用し、善悪の観念を転倒させた。「力のあるやつは悪いやつだ、自分のことしか考えず、私たち貧しい者のことなど考えない、だからやつらは悪い」という奇怪な善悪の観念が作り出される。そして神の名の下でこの観念を絶対化し、人々は「善」とは「利他性」であり、「利己性」は「悪」であると信じ込んだ挙句、自己の生を徹底的に抑圧するようになる。

こうしたニーチェの洞察は、ファシズムやスターリニズムを経験し、それらを克服しようとする私たちに大きな示唆を与えてくれるだろう。ファシズムもスターリニズムも何らかの主義主張、教義、すなわちイデオロギーを人々に示し、これを絶対化し信仰することを勧め、洗脳する。そして歴史的事実として、そうしたイデオロギーを信奉し、支えることになるのは苦しみの中にある被支配者たち、弱者たちであり、彼らのルサンチマンによってファシズムとスターリニズムは支えられた。ファシズムやスターリニズムの「僧侶」は彼らに向かい、みずからの唱えるイデオロギーに従うことが正義であり、善であることを示す。人々は「僧侶」の教えの下に集い、ひざまずき、服従する。自分たちに強いられた不遇を観念的にはねのけ、復讐しようとする弱者たちのルサンチマンに支えられることによってファシズムとスターリニズムは成立する。

代議制民主主義のもと、形式的には合法的に選ばれた政治家が、選挙で勝利したのだからあとはこっちのもんだと言わんばかりに、国民そっちのけで自分のやりたい放題に傍若無人にふるまうようなこの国にあっては、事態を是正すべく立ち上がり、社会変革を成し遂げようと奮闘する者が登場してくることはこれからも少なからずあるだろう。歴史を振り返れば、ナチス・ドイツも合法的に選挙で選ばれた後にファシズムへとなだれ込んだという事実がある。それゆえ、この歴史を繰り返さないために果敢に政治参加していくことは、とりあえずは「正しい」ことである。

あるいは、日本を含めた世界各地では、優遇された境遇にある少数の者たちと、ぎりぎりの生活を強いられた圧倒的多数の者に完全に階層が分裂した格差社会の中では、弱者のルサンチマンが渦巻いていることだろう。そのとき、これまた日本など顕著に見られることだが、国家の支配者たちは排外主義的なイデオロギーを捲し上げたりして、弱者のルサンチマンを吸収し、それを利用して国民を束ねようと画策したりもするだろう。こうした事態に危機感を覚え、抵抗しようと努力するとき、ニーチェの思想は「参考」になる。

だが、こうした批判の矛先は体制に異議を呈する側にも向けられることも忘れてはならない。「善」や「正義」を志し、人々の前に登場するとき、歴史はある種の必然として同じ帰結に逢着してしまうことを忘れてはならない。ニーチェはそれを警告しているのである。往々にして強者に立ち向かう者たちは弱者であり、弱者は一人では闘えないのだから、集団を組織することだろう。そして弱者の集団を束ねようとする者は、キリスト教の僧侶やファシズムやスターリニズムの指導者のように、弱者のルサンチマンを巧みに組織していくに違いない。その組織は、それを構成する者たちの生を互いに監視し否定し合うような集団と化してしまうことにもなりかねない。

だから、歴史の悲劇を繰り返さないためにも、こうした組織を束ねる「僧侶」に魅惑され、籠絡されないこと、あるいは自分自身がそのような「僧侶」にならないことである。そのとき、ニーチェの思想は「武器」になり得るのだ。

SIGMUND FREUD

第3章

フロイト 現代思想の源流 III

無意識の発見はそれまでの人間観を根底から覆した。
人間とは、自分の心の中にあるにもかかわらず、
知ることも制御することもできない無意識によって、
翻弄され続け、ときに病に陥る存在なのだ。

無意識の発見

器質的（解剖学的）には何ら異常はないのに、目が見えない、耳が聞こえない、口がきけない、立てない、歩けない、感覚がない……もはや他の医者のもとでは治癒することがなかった患者がフロイトのもとを訪れる。身体そのものに問題がないなら、あとは心である。心に問題を抱えるからそのような症状が出るのだろう。しかし、たとえ心に問題があったとしても、なぜそのような症状が発生するのかが分からない。それが自分の心であるにもかかわらず、自分自身が心の状態をつかめない。こうした患者に日々接する中で、フロイトは一つの仮説を提示した。

「無意識」である。精神には自分自身でも意識できない無意識という領域が存在する。この無意識が精神だけではなく、身体にも影響を及ぼしているとフロイトは主張したのだ。

上記のような症状は「ヒステリー」という病に顕著に見られる。ヒステリーには喉にボールのようなものが詰まっていると訴えるヒステリー球という症状もあり、もちろん喉を切開しても器質的な問題は何ら見つからない。やはりこれも心因性の病気であるが、無意識の影響は、こうした「劇的」な病に限定されるのではなく、ふとした言い間違いや度忘れ、様々な失策行為（失敗行為）、奇妙な夢、強迫観念など、私たちが日常で体験するような現象にも及んでいるとフロイトは考えた。「無意識の発見」、これこそがフロイトがなした最大の功績であると言われる。

しかし、この「発見」自体がたいへんな事態を生み出すことになる。近代までの世界認識は、ゆるぎない「私」という存在が世界の中心にあり、認識主体としてこの「私」が世界という対象を認識するとされてきた。しかし、無意識の存在を主張することは、「私」そのものが自分自身でも完全には認識できない不透明な存在であることを認めることになる。世界認識はその出発点を持ち得なくなり、崩壊する。

デカルトは、すべてを疑いきった上で、それでもなお疑い得ないものが残れば、それが真理であるとした。そのとき発見されたのが「われ思う、ゆえにわれあり」である。あらゆることを疑い切った上でも、しかし疑い得ないものが一つだけ残る。それは、このように疑う私の存在である。この疑うという思考を行っている私の存在こそまさに真理に値するとデカルトは考えた。思考する私の存在の確実性というこの真理こそ、世界認識の出発点にふさわしいとデカルトは述べることで、近代に生きる人々の思いを代弁し、人々はデカルト哲学を基礎にしてさまざまな学問を構築してきた。

意識（「われ思う」）と存在（「われあり」）の一致こそデカルト哲学の要であり、この確実性が「私」という主体の存在を根拠づける。「私」の存在は、「私」の意識に回収されることで確証されるのだが、精神分析は「私」の中には意識には回収できない部分があると言う。無意識である。無意識はデカルト哲学を無効としてしまうのである。

あるいは、それまで人間の固有性は自由意志であり、人間だけがみずからの行為を他の何ものからも束縛されることなく自由に決定できるとされてきた。ところが無意識の存在はこれをも無効にしてしまう。私は、無意識という自分の中にありながらも自分では制御できない（意識できない）ものによって突き動かされてしまうからである。

さらには性の問題である。フロイトの画期的なところは、誰もが気づいてはいても言えなかったことを明言したところにある。それは、**人間とは、いわば性的存在であるということである**。老若男女誰にとっても性の問題はかなりの重要な関心事である。恋愛や結婚など性に関することがらは、人生の営みを決定づける重要な要素となっているし、芸術や文化にしても、まるで性的なものに捧げられたものではないかと思われるほど、それに満ち満ちている。すべてではないにせよ、人間の頭の中を占めることがらの多くは性の問題である。人が人生を賛美したり、絶望するとき、その中心にあるのはやはり性の問題なのだ。

にもかかわらず性は長らくタブー視されてきた。性のタブー視は、ヨーロッパではキリスト教が先頭に立って担ってきたのだろうが、それ以外の世界でも普遍的に見られる現象である。人間たちは性的なものを何とかして隠すために荘厳な文化や制度を建設することも厭わなかった。隠そうとすればするほど、その文化や制度はかえってエロティシズムを喚起するものとなってしまったが、こうした事実から、ともかくも時代や地域、文化に関係なく、性は人間にとって「特別なもの」であることがわかる。重要な問題であることは気づかれながらも、しかし性的なものは暗闇の中に隠しおかれ、まともに学問などの対象とされることはなかった。その中で、フロイトは、「人間とは性的存在である」と明言したのである。

もちろんこれはスキャンダラスな発言でもある。タブーを破っているからだ。フロイトが活躍した当時でも人々からかなりの抵抗を受けたようである。

さらに加えて**「幼児性欲論」**である。フロイトは幼児も性欲を持っていると言ったのである。性の問題は学問的対象としてきちんと考察されなければならないとする人たちも、これには抵抗を感じたに違いない。

たしかに性に関わる問題は不思議である。たとえば性欲である。私たちは性欲を意識的に抱くのではない。どこからか性欲はわいてきて、私たちはどうしようもなくそれに突き動かされてしまう。性欲に抗うことは難しい。それはおそらく、性欲を満たそうとすることは人生において大きな意味を持つ、つまり喜びを与えることであるからだろう。しかし性欲に翻弄されてしまうと、社会生活をまともに送れなくなってしまう。だからこれをコントロールしなければならないが、にもかかわらずときに性欲に押し流されてしまい、場合によっては人生を台無しにしてしまうことさえある。

それぞれの生命体をその生命体が知らないところで突き動かすのは本能である。人間の性欲もそのような性質を持っているわけだから、本能であると思われがちである。動物の性欲は子孫を残す生殖行為と結合し、その行為も生得的にDNAに書き込まれたものであるから他から学ぶ必要がなく自然にできてしまう。それゆえ、動物の性欲は本能と言える。それに対して人間の性行為は生殖を目的にする場合の方がむしろ稀である。それに私たちは性的行為について学ばないかぎりその行為に及ぶことはできないばかりでなく、性的なことを「学ぶ」ことに旺盛な意欲を傾け、ときには生殖行為とはかけ離れた行為を発明してしまう。

ともかく人間にとって性的問題は重要であることは間違いがない。それを真正面から捉えようとしたのがフロイトなのである。

抑圧と自由連想

私たちの心には、過去に心に傷を残すようなつらい出来事を体験すると、その記憶は耐えがたい苦痛であるため無意識の中へと「抑圧」されるという機制（メカニズム）が働く。しかし、抑圧されたものは消滅するわけではなく、身体の症状に転換され、表面に出てくることになる。これがヒステリーの症状を引き起こすのである。しかも抑圧は意識的に行われるのではなく、自分が知らないところで、つまり無意識に行われるのである。だから人は自分の症状の原因を自分で知ることができない。

こうした病気を治癒するためにフロイトが開発した方法が自由連想法である。自由連想法とは、患者が長椅子に寝そべって、何でもかまわないから頭に思い浮かぶことを包み隠さず自由に語り、精神分析家は患者からは見えないところで、それをひたすらじっと聞く、そのような方法である。

とはいえ、患者が過去のつらい出来事の記憶を簡単に思い出したり話したりするわけがない。精神分析家が話してもらいたいと考える記憶は思い出したくないから抑圧され、忘れているのである。だから、そこに到達することは容易であるはずがない。精神分析家は患者のそうした「抵抗」を必ず受けるのだ。それゆえ、精神分析家のある程度の介入が必要になる。精神分析家は患者の話を聞いた後に、その話に解釈を施すのである。そして患者は精神分析家が施した解釈を頼りにして自分の病の原因を記憶の中に探っていくことで、忘れていた記憶がよみがえり、「これがそうだ」とつきとめたとき、症状は解消される。

だが、患者の語る話をただ聞いていても埒は開かず、一定の目安が必要になる。そのときフロイトは、とりわけヒステリーの患者が持つ、抑圧されてしまうほどの「つらい体験」には共通した特徴があることを察知したのである。それは「性的体験」である。ヒステリー患者の多くは幼児期に大人から性的虐待（性的誘惑）を受けていたのである。これが「つらい出来事」の記憶としてあり、この記憶を抑圧し、抑圧されたものは症状として回帰してくるのである。

これは後に**「誘惑理論」**と呼ばれるようになるが、これによって性の問題は精神分析の中心に位置付けられることになる。

エディプス・コンプレックス

しかしフロイト自身も、果たしてヒステリーの原因が本当に幼少期に性的虐待を受けたことにあるのかどうか疑いを持つようになった。正確に言えば、患者自身は性的虐待を受けたと告白するが、その告白の信憑性に疑いを持つようになったのである。もしかすると、患者の言うことは作り話、でも当人には現実であったと錯覚させるほどの「幻想」かもしれない。もしそうなら、**問題は、性的虐待が事実であるかではなく、たとえ作り話であっても、そのような「幻想」を持つことなのではないか、と。**そして多くのヒステリー患者が同じような作り話をするというのは、そこに共通する何らかの「幻想」があり、それが精神と身体に影響を与え、病気を発生させるのではないかと考えたのである。そこから生み出された概念が、**「エディプス（オイディプス）・コンプレックス」**である。

エディプス・コンプレックスの理論は、ソフォクレスの戯曲『オイディプス王』に由来する。エディプスはテーバイの王ライオスと王妃イオカステの間に生まれたが、ライオスは実の子に殺されるという信託を受けていたので、エディプスの両足に釘を打ちこみ、縛り上げて山中に捨ててしまう。エディプスは羊飼いに救われ、コリント王夫妻の子として育てられるが、やがて青年になり、自分は父親を殺して母親と結婚するという信託を受け、両親を救おうとコリントを去る。旅の途中で見知らぬ男と道を譲る譲らないで喧嘩になり、結局その男を殺してしまう。その男は父ライオスであった。

テーバイまで戻ってきたエディプスは、その頃町の人々を苦しめていたスフィンクスと対決する。スフィンクスは「声は一つ、足はときに二本、ときに三本、ときに四本あって一番多いときに一番弱い者、それは何か」という謎をかけ、答えられないとその人を殺してしまうのだった。エディプスは「それは人間だ」と答えスフィンクスを退治してしまう。

そしてエディプスはテーバイに王として迎えられ、それと気づかず母親イオカステと結婚する。

年月が流れ、ライオス殺しの犯人が捕まっていないことの罰として疫病が流行り、エディプスは「ライオスを殺した者を探し出して追放せよ」という神託を受ける。ところが、エディプスは盲目の預言者テイレシアスからライオス殺しの真相を知らされることになり、自分の目を刺し盲目となり、ターバイを離れ、放浪の旅に出る。イオカステは首を吊って死ぬ。

フロイトはこの神話は誰もが抱いている願望を表現していると考えた。その願望とは、同性の親を亡き者にし、異性の親と結ばれたいというものである。もちろん、誰もが「自分の親と性的関係を持ちたいなどと思ったことなどない」と言うだろう。それはそうである。この願望は「無意識的なもの」であるからだ、とフロイトは言う。意識上では認めたいことだが、無意識においては、私たちはそのような願望を持っているということであり、この無意識的な願望をエディプス・コンプレックスと呼んだのである。幼児期に、大人、とくに親から性的虐待を受けたと言うヒステリー患者の告白は、この願望が生み出した幻想であるのだ。これが無意識の中に潜んでいて、病を引き起こすのである。

とはいえ、フロイトは患者の話す幼少期の体験がすべて嘘だとはみなしてはいない。実際に性的虐待が原因となってヒステリーを発病させる場合もある。**ただ問題なのは、性的**

虐待という体験そのものではなく、その記憶なのである。その記憶が精神にどのような作用を及ぼすかなのだ。それゆえ誘惑理論からエディプス理論への移行は自然の流れであるとはいえる。これ以降フロイトは、無意識が生み出す幻想に注目するようになる。

夢

問題は、どうすれば無意識に迫ることができるかである。そこでフロイトが注目したのが「夢」である。夢は無意識に至る王道である。そこで著されたのが、かの『夢判断（夢解釈）』である。しかしこの本は、たとえば夢を解釈すれば無意識が明らかになるとか、夢に出てきたものはそれに対応する意味を持っている（「傘、樹木、槍、剣、ピストル等は男性器の、穴、瓶、靴、箱、ポケットなどは女性器の象徴である」等）とは言っておらず、それは誤解である。

たしかに夢は奇想天外な展開を示したりするが、しかしそれは夢が通常の意識の論理とは異なる独自の論理で展開するからである。そうしたものも意味のある現象であり、解釈することによって何らかの意味をつかみ取れるものである。夢とは、眠っている間に自我の機能が低下することによって無意識の中にあるものが意識へと浮上してきたものである。それゆえ夢は無意識の産物であるのだ。

だが、無意識にあるものはそもそも抑圧されていたものであるから、それが意識へと浮上してくると、自我に不安を与え、睡眠を妨げることになってしまう。そこで「検閲」が行われ、夢は加工される。検閲される以前の夢の内容が「潜在的夢思考」であり、加工された後実際に私たちが見る夢が「顕在夢」である。加工は「夢の作業」といわれ、置換・圧縮・形象化・二次加工からなる。夢の作業において材料となるのは、潜在的夢思考と、睡眠中の身体的刺激、そして日中残滓（起きている日中の出来事）である。

そして自由連想を通して潜在的夢思考に迫っていく。患者は自分が見た夢について連想を進めながら話し、精神分析家がそれに解釈を施していくのである。しかし解釈は容易ではない。その一つの要因として、夢の潜在思考と顕在内容は直に対応していないということがある。夢は様々な要素によって構成され、決定されているのだ。これを「多元決定（重層決定）」という。この多元性をもたらすのが**「圧縮」**という夢の作業である。

顕在夢がいわば単純であるのに対して潜在思考は様々な要素からなり豊富である。圧縮とは顕在夢のかぎられた要素の中に潜在思考のたくさんの要素を詰め込むことをいう。また置換とは、潜在思考の最重要な要素が顕在夢においては小さな事実によって表現されることであり、これによって顕在夢と潜在思考の中心点がずれる。ちなみに夢の作業のもう一つである二次加工は、目を覚ました後、夢の不合理な部分を合理化するなどして説明することである。こうした機制が働くために夢は奇想天外なものになるのだ。

ここで注意しておきたいのは、夢に現れた欲望は無意識的なもの、しかも性的なものであるという誤解についてである。それは夢の潜在思考と無意識的欲望を混同しているところからくる誤解である。たしかに無意識的欲望は性的なのだが、夢の潜在思考は無意識的欲望ではない。無意識的欲望は潜在思考の中ではなく、夢の作業の中に現れるのだ。

では、無意識的欲望とは何か？　**それはエディプス的欲望であるが、しかしそれはすでに幼児期に抑圧されている。この欲望が無意識の中にあり、夢の潜在思考がこれに結びついて無意識の中へと抑圧されるのである。**

ところで、フロイトは「夢は欲望充足である」と言う。たしかに尿意をもよおしているときにトイレに行く夢を見ることなどは欲望充足かもしれないが、恐ろしい夢は欲望充足とは思えない。当初フロイトは、それでも詳細に分析していけばどんな夢も欲望充足であると頑固に言っていたが、後に若干の修正を加え、恐ろしい夢は「反復脅迫」と関係があるとした。反復脅迫は後ほど言及する死の欲動と関係する。

性とリビドー

幼児性欲論は当時多くの人から抵抗を受けたが、この抵抗はフロイトの言う「性的」を「性器的」と私たちが理解してしまっているところに原因がある。フロイトは、大人の性欲はたしかに性器的性欲であるが、性欲そのものが段階を経ていくのであって、幼児性欲は性器的性欲以前の性欲であるとしたのである。つまり、性欲の概念を一般的な理解よりももっと拡大したということである。幼児性欲の現れとして、たとえばおしゃぶりがある。しかしなぜ、フロイトは性の概念を拡大する必要があったのか？　このように捉えないかぎり、人間における性について説明ができないからである。

前で触れたように、人間の性欲は本能であるとは考えにくい。本能は遺伝的に継承され、どの個体も必ずそれに従うものである。本能は自然法則の一部であり、自然と一体化して生きている動物の性欲は本能と言えるだろう。動物たちの性行為はつねに子孫をつくるための生殖を目的として行われ、しかも発情期というかぎられた期間のみの行為である。

それに対して人間は年がら年中性欲を持ち、しかも生殖を目的とするのはむしろ稀である。同性に性欲を感じる人もいれば、幼女や、さらには下着やアニメのキャラクターに欲情する人もいる。こうした性のあり方が「異常」であるということではなく、人間における性現象全般がそもそも「異常」なのだ。言うまでもなく、それら性的対象のどれもが生殖を可能にするものではない。さらには露出狂や覗き魔はその行為を行うことで、あるいはマゾヒストは苦痛を与えられることで性的快感を覚える。こうした人間の性欲が本能であるなどとはとうてい考えることはできない。あるいは、本能が個体のすべてに同じ行動パターンを引き起こすものであるのに対して、人間の性欲はその現れ方が個々人でバラバラである。それゆえ、人間の性について考えるとき、動物のそれと同じようなものとして考えることはできないだろう。

とはいえ、人間の性欲も本能であると思われてしまうのはわからなくもない。どちらも知らぬ間にどこからか湧き起こり、突き動かされ、従わざるを得なくなってしまうものであるからである。フロイトは、こうした性欲が持つ性質を表現するために**「リビドー」**という概念を示した。**リビドーとは性的エネルギーである。**人間の心はつねに動き、また夢を見る。ならば、そこには何らかの動因があるはずだ。その動因がリビドーである。リビドーが心を動かし、夢を生み出すのだが、それが性的エネルギーであるかぎり、やはり人間の心と夢は性的なものを中心にしながら存在することになる。

そして、このリビドーとよく似た概念に「欲動」があり、これまで「本能」と同じようなものとして扱われてきた。

二つの心的局所論

▼第一局所論から第二局所論へ

自然科学が発展し、その恩恵を受けて人々の生活も快適なものになっていく時代にあって、フロイトもやはり科学的な方法を無視することはできなかった。だから、自分の理論もできうるかぎり客観性を持つ科学理論に鍛え上げていくことに努めた。

古来、人間の心はまさに人間の本質であるとされ、特別視されてきた。デカルトはこの世のすべてのものは精神と物質という二つの実体のどちらかに属するのであるが、精神を有するのは人間のみであると言った。また精神の創造力を見るにつけ、これを神秘的な力とみなし、精神という場は神と結びつくところであるとする考えは昔からあり、基本的にデカルトもこの考えを踏襲した。

フロイトはこうした神秘的、あるいは宗教的な見方を一切排除しようとした。**心を捉えるときにも、これを一種の機械とみなしたのである。**問題なのは心の機能の仕方、働きであり、それを客観的に示すための手法を確立しようとしたのだ。そこで示されたのが**「心**

的装置論」、あるいは**「心的局所論」**である。

最初に示されたのは、精神を意識・前意識・無意識と分ける第一局所論である。前意識とは、普段は意識できないので無意識的なものであるといえるが、努力すれば思い出せるものである。だが、無意識は思い出そうとしても思い出せない。前意識と無意識の間には検閲があり、無意識が前意識や意識に入るときには検閲による変形や歪曲を受ける。

その後フロイトは、自我・超自我・エスからなる**第二局所論**に移ることになる。しかしなぜ、この移行が必要となったのか？　それは臨床における要請からである。

それまで精神分析がとってきた治療法は、患者の示す意味不明な症状に解釈を施す、つまり「言葉を与える」というものであった。しかし、それでは治療が進まず、停滞を余儀なくされてしまうという事態にフロイトは直面した。そこでフロイトは、無意識には言語的次元には収まらないものがあるのではないかと直観し、それを**「欲動」**と名づけるのである。欲動は人間をして背後から突き動かし、突き動かされる者はみずからを超える力によって動かされてしまう感覚を覚える。欲動が本能と混同されてきたのは、両者が自分では抗うことが困難な衝動的な性質を共有しているからだろう。ともかく、この欲動の貯蔵庫がエスなのである。この欲動という概念の導入のために第一局所論から第二局所論への移行が必要だったのだ。

ただ意識・前意識・無意識と自我・超自我・エスはきちんと対応するのでもなければ、後者に至っては三つの領域が截然と区別できるわけでもない。

▼エス

まずエスEsについてである。エスは英訳すればit、日本語では「それ」である。もちろんエスも私の中にあるのだが、あたかも私の外部にあるかのように感じられ、それに従わされている感覚を持ってしまうものである。エスは無意識に属するが、自我と明確に区別できず、自我はその下層でエスと混じり合っている。後で言及するように自我の防衛機制も無意識的なものである。自我と比べエスは混沌としていると言える。だが、エスも独自の構造を持っており、その構造のあり方が自我とは異なるのである。

エスは欲動の貯蔵庫であり、欲動を満足させるという目的しか持たない。では、欲動とは何か？　フロイトにおける欲動論は、いくつかの変遷を遂げていくことになる。

初期においては、欲動は性欲動と自己保存欲動（自我欲動）と分けられ、両者は対立するものとして考えられた。前者は愛を、後者は飢えをモデルにしていた。その後、ナルシシズムという概念が導入されることで、性欲動は外的対象へと向かう欲動（対象リビドー）と自我へ向かう欲動（自我リビドー）の二つに分類されるが、その直後、**「生の欲動（エロス）」**

と**「死の欲動（タナトス）」**が示される。両者は対立し合い、生の欲動が生の統一性をつくり、維持しようとするのに対して、死の欲動はその統一性を破壊して、生体を無機的状態、すなわち死に導くものである。前者は、変化と発展を目指し、他者との出会いを求め、緊張を高め、生殖し、生命を維持しようとする。それに対し後者は、無生物の状態に帰還することを目指し、変化を求めず、たえず同一の生活経路を反復し、心的装置に興奮が起こらないようにするか、その興奮の量を一定、または可能なかぎり低めに保つことを目指す。

先ほど言及した「夢は欲望充足である」のに、なぜ、私たちは恐ろしい夢を見るのか？という問題であるが、これを説明するためにフロイトは「反復強迫」という概念を示した。たとえば、命を危険にさらすような恐ろしい体験をした人が、その後そのときの体験を夢で繰り返し見るということがある。このような症状を持つ病を外傷神経症と言うが、これが死の欲動と関係しているのである。

生物には、個体として生きていく上でバランスを失えば、これを取り戻そうとするホメオスタシス（恒常性）というものがある。たとえば、生物は病気になれば自然に治そうとするようなものであり、この機能がないかぎり生きてはいけない。つまり、生物はつねに均衡状態を維持していこうとするのである。最も安定した状態とは刺激のないゼロの状態である。これは仏教でいう涅槃のような状態であるが、しかしこの状態には生きている間は到達できない、まさに死ぬことによってのみ到達可能なものである。このような状態に接近していこうとするのが死の欲動であるのだ。

このように、エスに貯められている欲動は衝動的なものであるから、それが自分の中にあるにもかかわらず、まるで自分の外にあるものであるかのように感じられてしまうのである。

▼性欲の発展過程

フロイトの欲動論は変遷を遂げていくのだが、欲動は性的なものと密接に関係する。フロイトは幼児性欲と性器的性欲を区別したが、この性欲の発展過程で欲動が働いている。まず幼児性欲においては、性器との結合を目標とはせず、身体の様々な部分と結びつき、それらの部分が「性感帯」となる。フロイトは身体全体が性感帯であると言うが、基本的に身体のどこでも性感帯になり得る（それゆえ個々人で性感帯の部位が異なる）のと同時に、どんな人にも共通する、身体の特定部位に集中する傾向もみられる。そして特定部位への集中が段階を経て変化していく。

まずは**口唇期**であり、それは乳を与えられ、吸う唇に性感帯が形成される段階である。唇が性感帯になるのは、もちろんそこに快感を覚えるからであり、この快感は乳を吸う、つまり栄養摂取で得られるものである。これが口唇性欲であり、自己保存欲動が口という部位に依存する形で形成されるものである。こうした依存関係を委託といい、性欲動は身体の各部位における自己保存欲動に依存する形で快感を得るのである。栄養摂取のために乳を吸うことはそれ自体では何ら性的なものではないが、そこに性欲動が重なることによって性欲が現れるのである。口唇における快感は大人になってからも、たとえばキス、あるいはタバコ依存などにその名残が見られる。

次に訪れる**肛門期**では、排泄の快感によって得られる快感に性的快感が結びつき、肛門が性感帯となる。母親による排泄の躾の中で、ちゃんと排泄できたときの母親の喜ぶ姿を見た子供は糞便を母親への贈り物とみなすようになる。これが、夢や幻想の象徴体系の中では、贈り物、それからさらにはお金に変化して現れる。そしてこの時期に自我が形成され、自分と他者を区別できるようになり、他者からの自分を守るためにサディスティックになる。それゆえ肛門期とサディズムは密接に関係していると言われる。ちなみにスカトロジーはこの時期に退行し固着した倒錯である。

そして次の**男根期**において様々な部分欲動が性器の下に統合され、初めて性欲が男性性器と結びつくことになる。思春期以降の性欲が成立する**性器期**はその後にくるのだが、それ以前の男根期では男の子も女の子もまだ男性器しか知らず、それを持っているか、持っていないかで男女の区別をつけている。つまり、男の子は女性器を見ると、ペニスを「ちょん切られちゃったんだ」（去勢された）と思い、女の子もペニスを見ると、「私はちょん切られちゃったんだ」と思うのである。だから男の子は悪いことをすると、「ちょん切られるかもしれない」という不安を抱くようになる。これを「去勢不安」、あるいは「去勢恐怖」という。

男根期はエディプス・コンプレックスの絶頂期と消滅期にあたり、異性の親に対する愛着と同性の親に対するコンプレックスを形成する。男の子は、あたかもエディプスのように母親に執着し、父親を排除しようとする。しかし自分よりはるかに強い父親にはかなわない。そして父親から「お前がそのような欲望を持つならペニスをちょん切っちゃうぞ」と無言の脅迫を受け、禁止されると思い込む。ここから去勢不安が生じてくる。女の子を見ると、たしかにペニスがないから、ペニスが切られることは実際にあり得ることだと男の子は考える。そして母親に対する執着を断念し、抑圧してしまう。

▼超自我

こうした父親の機能を持つのが**超自我**である。もちろん超自我も「私」の（心の中の）一部である。超自我は『自我とエス』ではじめて登場する概念だが、夢の検閲という形でもともとフロイトの中にあった（あるいは実際には何も悪いことをしていないにもかかわらず、罪悪感を持ってしまっている強迫神経症者の症状の要因が超自我である）。超自我は、自我にとっては禁止するものである。

人間誰でも「良心」というものがある。良心は自分に対して「してはいけないこと」を知らせ、禁じるものである。この禁止はエディプス・コンプレックスにおける母親との癒着を禁じる父親の命令に源を発する。**超自我が良心を生み出すのだ。**この機制があるからこそ私たちは道徳や法律に従うことができる。超自我は倫理的なものの源泉であるのだ。

また同時に超自我は理想でもある。子供は父親から母親に執着することを禁じられたとき、それなら父親のようになって、母親を自分のものにしようと考え、父親を理想像として仕立て上げるわけだ。

超自我はエディプス・コンプレックスの消滅とともにそれを継承したものとして形成される。エディプス・コンプレックスにおける父親は男の子にとっては禁止する者であるのと同時に理想像、つまり「よいもの」であるので、これを自我が自分の中に取り込むのである。ただ、当初フロイトは、超自我は自分の親を取り入れたものであるとしていたが、その後、親の超自我を規範として形成されたものであると修正した。どちらにせよ、超自我は自我が派生したものであるのだ。

▼自我

最後に自我である。**自我は「私という意識」であるが、しかし自我は無意識的なものでもある。そして自我は、外界やエスからつねに様々な脅威を与えられているため、その不安から自分を守り、安定を保とうとする。**そのためにいくつかの「防衛機制」が働くのだが、不安や苦痛を与える原因そのものを取り除くのではなく、解消するだけである。

防衛機制の基本は抑圧である。当初フロイトは抑圧と防衛をほぼ同じものとして扱っていたが、その後、抑圧を防衛機制の一つであるとした。抑圧についてはすでに触れたように、想起するとつらい記憶を意識の外にある無意識に押し込めてしまうことである。この機制は無意識的に、いわば自動的に働くので、本人にも分からない。その他、自我の防衛機制には以下のものがある。反動形成は、たとえば憎しみを抱いている相手に過剰に親切にしたり、臆病な人が威張ったり強がったりすることであり、抑圧された欲望の反動として形成された、それとは反対の心理的態度である。否認は、知覚した現実を現実として認めず、それから目をそむけてしまうことである。事の重大さを過小評価することで何とかやっていこうとすることもこれに含まれる。分離は、ある考えとある行動とを分離し、他の様々な考えや行動との結合関係を断ってしまうことであり、強迫神経症者に典型的に現れる。たとえば思考や行動の流れの中に決まり文句や儀式的行為を挟み込むことで中断したりすることである。遡及的取り消しは、過去の思考・発言・動作・行為を行われなかったことにするために、それとは反対の思考や行動をすることである。同一化は、他者が持つ能力や価値や業績を自分が持っているように想像し、その人と同一の存在であると思い込んで、全体的あるいは部分的に変わっていくことである。フロイトは同一化を人間が社会生活を送る中で重要な機制であると考えた。人間の人格は様々な同一化によって形成されていくものなのだ。投射（投影）は、自分の中にある認めがたい欲望を相手に投げかけ、相手がそのような欲望を持っていると思い込むことである。たとえば、自分が相手に対して持っている敵意を相手に投射して、相手が自分を敵視しているとみなして自分を正当化したり、相手に責任をなすりつけ、非難することである。被害妄想もこれに含まれる。退行は、現状では欲望が満たされないので、以前の状態に逆戻りして、自分をより安全で負担のかからない状態に置こうとすることである。他には昇華、合理化などもある。

つねにエスによって脅かされている自我は、こうした機制によって何とか安定を保つことができる。フロイトはエスを暴れ馬に例えているが、しかし、欲動の源泉であるエスがないかぎり人間は動かない。しかしエスだけでもまた現実生活の中で生きていけないから、それゆえ自我がエスをコントロールしなければならない。したがって、自我とエスはまったくの別ものとして考えることはできず、ある意味で自我はエスの一部なのである。問題なのは何を自我の中に取り込み、何をエスの領域においておくのかの取捨選択である。これを行うのが自我であり、その選択は無意識的に行われる。

フロイトの思想は、その後多くの思想家に多大な影響を与えた。たとえば、旧西ドイツのフランクフルト学派の思想家たちがナチスドイツの台頭を許してしまった理由を究明する中で、大衆心理の問題に取り組むことによって人間の闇の部分に光をあてていくが、そのときフロイトの思想は大きな貢献をすることになった。

しかし、その一方でフロイトの思想は拒絶されることにもなった。その最たる原因が、フロイト思想の要でもある「無意識」という概念だったのである。

JACQUES LACAN

第4章

ラカン
不安のメカニズム

フロイトに回帰せよ！
フロイト理論の革命性を白日の下におくこと。
そのためには無意識の理論をさらに練り上げねばならない。
無意識は意識とは異なる固有の論理を持ったシステムであり、
言語のように構造化されているのだ。

フロイトへの回帰

フランス現代思想の著作の多くは難解であるが、そのはじまりにおいて難解中の難解な思想を展開したことで知られるのがジャック・ラカンである。しかし、それにもかかわらず、その後多くの思想家に多大な影響を与え、ラカン自身がこの世を去った今日でも色褪せるどころか、いっそう生気を放ち、現代思想の頂点に君臨する。「二一世紀はラカン思想なくして読み解けない」、そんな声をよく耳にする。

ラカンの思想が難解なのは、いくつもの独自の概念を駆使して繰り広げられるのに加え、フランス人をして「フランス語に翻訳してほしい」と言わせるほど文体そのものが凝りに凝っているからだ。おまけにラカンの博学さにはめまいさえ覚える。

ラカンが当初から唱えてきたのは**「フロイトに回帰せよ！」**というものであった。ラカンもフロイトと同様に精神科医であり、精神を病んだ者を治癒するためには、そもそも「人間とは何か」とか「心とは何か」とかについて自分なりの見解を示さなければならなかった。要するに、理論が必要だったのである。その時ラカンがよりどころにしたのが、フロイトの精神分析理論である。ラカンはみずからをフロイト主義者と称し、フロイトの理論の革新性を世に知らしめることを自己の使命とした。

もちろん、当時でもフロイトはよく知られており、精神医学の領域でもそれなりの市民権を得ていた。しかしラカンは、その状況に対して異議を呈したのである。そこで知られていたフロイトは真のフロイトではない！　フロイト思想が捻じ曲げられている！　だから真のフロイトに回帰しなければならない！　ラカンは、こう主張したのである。

たとえば、心の病は自我が弱いことで発症するのだから、自我を強化しなければならないとする自我心理学、あるいは人間を生物の一種と見立て、心の問題もその延長線上で捉えようとするような「科学的」心理学、フロイトの精神分析はそのようなものとは一切関係がないのだとラカンは主張したのである。

フロイトの理論は私たちの日常的な思考では理解困難なものを含んでいる。その最たるものが「無意識」である。無意識を中心にして組み立てられたフロイトの理論は、私たちの日常的な認識を根底から覆してしまう、実に不穏な思想なのだ。そのような思想を何とか手なずけようと、フロイト理論を捻じ曲げた者たちは、自分たちが慣れ親しんできた既存のイデオロギーによって理解しようとしたのである。その結果、フロイト理論の革新性は地中深くに埋葬されてしまった。ラカンはこの事態に警鐘を鳴らし、フロイト理論の神髄をよみがえらせようとしたのである。

ラカンは、フロイトに回帰するには、まずはフロイトの著作を原語（ドイツ語）で読むことであるなどとも言ったが、「翻訳」という行為においてさえ、すでに読み手の「思想」が反映されてしまい、その時点でフロイトは歪曲されてしまう。「欲動」を「本能」と訳すのはその典型である。だからフロイトに回帰することとは自己が被っているイデオロギーの外皮を打ち破り、その向こう側へと飛躍することを必要とする。

とはいえ、ラカンが使用するフロイトの著作は限定されたものでしかない。「これぞフロイト思想」とラカンが見込んだ著作しか選ばれておらず、かなり「偏った」選択を行っていた。だから、「フロイトへの回帰」は「フロイトを客観的につかむ」と単純に理解されたものではない。そもそもその「客観性」が何によって決まるかが怪しいからだ。さらには後期に至ると、ラカンはフロイト理論の限界を感じ、独自の道を歩むことになる。ラカンに言わせれば、おそらく、それはフロイト自身も理解していなかった精神分析の可能性をさらに押し広げることであり、あくまでも自分がフロイトに代わってそれを遂行しているのだということなのだろうが、見方を変えれば、それはフロイトから離脱したラカン独自の理論が展開されたともいえる。

そうした独自の理論展開は当初から垣間見えていた。その一つがソシュール言語学の導入である。

無意識の理論

精神分析には当初から一つの難題があった。それに関してフロイト自身も無自覚であったわけではない。それは、精神分析の核心中の核心である「無意識」というものである。精神分析における治療法は、基本的には「解釈」である。無意識下に抑圧されているものを精神分析家が「解釈」することで症状は解消されるとなっている。つまり、意識できないものを意識化すること、言語化できないものを言語化することである。しかし、ここが問題なのである。無意識はそもそも意識できないから無・意識なのだ。無意識を意識化するのは意識である。無意識を意識化すれば、無意識ではなくなってしまうのだ。

そもそも無意識は、それが意識の領域に現れ出るとき、歪曲され屈折させられた形でしか姿を見せない。これを「解釈」することが精神分析家の役割になるのだが、なかなか至難の業である。精神分析家が患者の無意識を解釈するとき、場合によってはその「解釈」に精神分析家の主観が反映してしまうこともある。さらに、そうした反映が「暗示」にもなり得る場合もある。「暗示」は治療が達成できたような気にさせてくれるが、しかしそれは錯覚に過ぎず、結局治癒には結びつかずに症状が再び現れることになってしまう。

あるいは、フロイト自身も経験したことだが、精神分析家が分析を進めて解釈を施そうと努めても、患者がこれを拒否して、いっこうに治療が進まないということがある。陰性治療反応である。単純な「解釈」という方法ではやはり限界があるのだ。

結局フロイト自身はこの難問を理論的に解決することはできなかった。ところが、ここに一定の解決をもたらすことに成功した者が登場する。ラカンである。ラカンは、ソシュール言語学を導入することによって難問をのりこえたのである。

フランス現代思想は「構造主義」という思想潮流を中心にしながら展開されたが、この構造主義の創始者がソシュールである。しかもソシュールが対象としたのは言語である。そもそも思想は言語によってなされ、表現される。「では、そもそも言語とは何か？」という根本的な地平で思想を展開したのがソシュールなのだ。

もちろんそれまで様々な言語論が存在はしてきたが、言語は人間の本質であると考えられているせいか、つねに妙な思い入れがつきまとって離れない。そこでソシュールは、言語をでき得るかぎり客観的（科学的）に捉えようとし、**「言語とは記号である」**と言った。記号とはそれによって何かを指し示すものであるが、たしかにそれは言語の重要な機能である。そのように言語を捉えることで、言語を人間たちの何らかの思い入れ（イデオロギー）から解放することを試みたのである。

言語は様々な側面を持っており、まずソシュールはそれらを峻別するところから始める。言語は人間を他の動物から分ける、人間の本質とされているが、他の動物でも言語らしきものを持っている。**しかし、人間の言語能力には抽象能力や象徴化能力、そしてカテゴリー化能力も含まれており、このような能力は他の動物にはない。**こうした人間の言語能力を**「ランガージュ」**と呼ぶ。さらには、人間はその共同体で共有された言語を習得しなければ、その共同体で生きていけないが、こうした国語として制度化された言語を**「ラング」**という。私たちは生まれ落ち生きる共同体の中で、ラングを、いわば「一方的に押し付けられる」ことで言語を獲得する。それゆえラングは個人を超えた制度であるが、現実にはラングを発するのは個々人である。しかし、特定の個人で発話される言語とラングを同じものであるとみなせない。なぜならラングは個人を超えたものであるからだ。したがって特定の個人によって発話される言語を**「パロール」**と呼び、ラングと区別した。

言語は、とかく「それによって事物を指し示す名称」と考えられがちであるが、辞書を見ればわかるように、それぞれの単語はそれ自体が「意味」を持つ。言語とは何かを指し示す名称という言語観を「言語名称目録観」というが、ソシュールはこれを批判した。

たとえば、「イヌ」は「四足歩行をし、ワンワンと吠え、人間に従順であるため昔から家畜として飼われてきた哺乳類、等」などといった「意味」を持つ。しかし、この「意味」

を表現するために日本語では「犬」、英語ではdog、フランス語ではchienという語が用いられ、日本の幼児は「ワンワン」と言う。たしかにあるものを指し示すためにその語を使用する必然性はないように思える。ソシュールは言語の持つこの「恣意性」に注目した。ただし、この恣意性は「勝手気ままに」を意味するのではない。なぜなら、日本語文化圏で犬のことを「猫」と言ってしまえば、意味が通じなくなるからだ。

ともあれ、この言語の恣意性から見出せるのは、言語には「表現」の側面と、「意味」の側面があるということである。**ソシュールは言語の表現を担う側面を「シニフィアン」、意味を担う側面を「シニフィエ」と呼び、両者は紙の表裏のように不可分離な形で結合していると言った。**

では、どのようにしてそれぞれの言語記号が成立しているのか。たとえば「イヌ」は「イヌでないもの」であるかぎりで「イヌ」なのだ。「イヌ」と「非イヌ」との差異によってはじめて「イヌ」は「イヌ」となるということである。これを「言語の示差性」と言い、言語は差異の構造によって成り立っているというのが、ソシュールの示した画期的な言語観である。こうしたソシュール言語学をラカンは精神分析に導入した。

無意識は、夢や症状、機知や言い間違い、失策行為などの**「無意識の形成物」**を通してしか意識の領域には現れ出ない。しかし無意識の形成物は正常な見地からは「意味不明」

なもの、つまり意識の領域では「意味がない」ものである。夢や症状などは一般的な世界の規範を逸脱し、その調和と秩序を乱す、意味を欠いたものである。

ソシュールも言っているように、人間が有する言語能力は言語だけに限定されない。表情や身振り等も何らかの言語記号として機能する。頭を下げたり、握手を求めたりすることには「意味」があり、それを了解し合った同士でコミュニケーションが成立する。そうしたものは、意識の領域においては何らかの「意味」を持つのである。

ところが、無意識の形成物は意味を欠いている。ラカンがソシュール言語学を導入するのはここである。**シニフィアンとシニフィエを完全に分離したのだ。夢や症状はシニフィエ（意味）を持たないシニフィアン（表現）なのだ。**たしかに通常の言語記号はシニフィアンとシニフィエが結合したものとしてあるが、それは意識の領域のものであるからだ。それに対して、無意識の形成物には「意味」がない、シニフィエを持たない。無意識の形成物はシニフィエを持たない、純粋なシニフィアンであるということである。

さらには、無意識的思考は無秩序な混沌などではなく、そこには意識とは異なる「論理」が働いている。ラカンはこれを**「シニフィアンの連鎖」**という形で説明した。シニフィアンは単独では存在せず、つねに他のシニフィアンとの関係を持っている。一つのシニフィアンが意味するのは他のシニフィアンとの純粋な差異である。

無意識において諸シニフィアンは連鎖を形成し、一定の機制に従って作動しているのだ。そしてラカンは、無意識的機制である置き換えを「換喩」で、圧縮を「隠喩」で説明する。圧縮は、無意識の形成物のすべてに認められる機制であり、新たな統一性を形成することで脈絡のない思考を凝縮させ、一つの表象が数多くの連想を代表する連鎖を形成するものである。それゆえ夢などの読解が困難になるのだが、ラカンはこれが隠喩と同等の働きを示すと見た。隠喩とはあるシニフィアンに他のシニフィアンを代入することである。たとえば男性と女性を「太陽と月」と表現することである。一方、置き換えは、ある表象への関心が、その表象を離れ、別の表象に移ることであるが、これと同等の機能を持つのが換喩である。換喩とは、それの一部によってそれが意味しているものを指し示すことである。たとえば「帆」によって「船」を示すことである。隠喩も換喩もともに置き換えであるが、この機制がシニフィアンの連鎖において作動する。

このように無意識も、意識とは異なる固有の論理を持つ。そこでラカンは言う。「無意識は言語のように構造化されている」。ソシュールが示したように言語は構造を持つのだが、それと同様に無意識も固有の構造を持ち、システマティックに機能する。無意識の形成物は意識においては無意味であっても、固有の論理を有する構造に従って産出され、ラカンはこれをよりどころにしながら無意識に迫っていったのだ。

鏡像段階

▼身体とは身体イメージであり、自我とは自己の身体イメージである

ラカンはいくつもの独自な概念を駆使しながら思想を展開する。その一つが、**「想像界（想像的なもの）・象徴界（象徴的なもの）・現実界（現実的なもの）」**という三つの概念によって人間存在を捉えようとしたことである。まず手始めに「想像界」を見てみたい。そのためにはラカンの代名詞ともなっている**鏡像段階論**を通過することである。鏡像段階論は自我がどのように形成されるのかを説明するのと同時に、想像界を説明する。

ラカンは人間のある特性に注目する。それは、人間は他の動物のように感覚的・運動的な調和を持った状態では生まれてこない、いわば未熟児の状態で生まれてくるということである。したがって、自分がおかれている環境を感覚的につかむことができないし、自己の身体も統一性のあるものとして認識することもできない。ラカンはこれを**「寸断された身体」**と表現した。つまり、手足がバラバラに切断されているような感覚である。また、自己の身体と周囲の環境との境界も曖昧で、自分を養い保護してくれる母の身体と自己の身体との区別もできず、母と子は完全に癒着してしまっている。

ところが、生後六カ月から十八カ月の間に劇的な出来事が到来する。鏡の前に置かれた子供は、当初、自己の鏡像（イメージ）と現実を混同し、鏡の背後で支えているものを掴もうとするが、やがてその鏡像は自分の特徴をいくつか備えているものであることを発見する。そしてついに、その鏡像は自分自身の像であることを悟った瞬間、それまで漠然として掴むことができなかった身体は、統一性を持ったまとまりへと一挙に飛躍をとげる。その瞬間、子供は歓喜の声を上げる。

ここで注目すべきは、**鏡に映った像は自分の姿であると子供が認識し、それに同一化するとき、「自我」が同時に形成されることである。**自我は精神の中心にあるとされる「私という意識」であるが、これは自己の身体像、つまり身体イメージを認識することではじめて確立されるのである。というよりむしろ、自我とは身体イメージそのものなのだ。

このように、人間はみずからの身体を器官的に支配するよりも先に、視覚によって想像的に自分の全体像をつかむ。そしてまた、それによって自我が形成される。自己の身体に対する生物学的支配よりも視覚による想像的支配が先行するのである。鏡像段階で示されるこのイメージの捕獲こそ、想像界の特徴である。

想像界はイメージと「意味」の世界である。私たちが「これには意味がある」と思えるのは、思考している対象についてのイメージを持つことができるということなのだ。これを実現しているのが想像界である。

私たちにとっての身体とは何よりもまず身体イメージ、つまり私の外部にある鏡に映った像、他のもの（＝他者）なのだ。それゆえ、私たちが内部から知覚している身体感覚も、外部にある自己の身体イメージからもたらされたものである。外部の像＝イメージが何者でもない者に到来し、何者でもない者がイメージに倣うことではじめて自己の身体感覚を獲得し、自我が構成されるのである。

私たちは精神と身体は異なるものであり、さらには精神に優位性を与え、それに従属するのが身体であると考えがちである。ところがラカンは、身体とはあくまでも私たちの想像の産物でしかなく、身体イメージこそが自我なのだと言うのである。

▼自我ははじめから疎外されている

しかし、自己の外部にある鏡像によってはじめて自我が確立されるということなら、鏡像こそが自己に対する支配権を有することになる。誰でも自分の身体は自分のものであり、さらには自我とは自分自身であるはずだと考えているだろう。ところが、自分の身体を「自分の身体だ」と思うことだけでなく、身体感覚そのものも、さらには自我も、自己の鏡像という他のもの（他者）によってつくられるのである。私の起源と身体は他者に奪われている。ラカンは、**自我はその起源から疎外されていると言う。**しかも疎外は自我が終生持ち続ける特性となる。

自己の起源そのものが他者に奪われた想像的関係は「お前か、私か」という総数的・敵対的なduel関係がせめぎ合う不安定性がたえず支配する世界である（「双数的」とは、たとえば手袋とか靴のように同じ二つのものがそろって一つということである）。だが、自我の形成は、みずからの鏡像によって魅惑され、疎外されることによってしかはじまらない。

寸断された身体と、みずからを同一化させている自律的な身体像との裂け目に基づく葛藤がつねに自我につきまとう。このような事態が、自我が生来もち続けることになる「ナルシシズム」と「攻撃性」の源泉となる。ナルシシズム（自己愛）とは、全体性と自律性を持つ自己像に愛着を持つことである。この像と理想像は自分であるのだから、要するに自分を愛することである。人間は誰もが自分が大好きなのだ。他方、「攻撃性」とは、自分に対する支配性をめぐる鏡像＝他者との争いを繰り広げることである。

ところで、全然関係のない者同士よりも、似ている者同士の方が小さな違いをめぐっていがみあったり、憎しみあったりするということはよくある。まったく違った者同士だと生じないような敵意が似た者同士の間だと生じやすく、ほんの些細な違いに執着し、相手の上に立とうとする。「近親憎悪」などと言われるが、その原因はこの自我の双数的・敵対的性質にある。こうした現象は個人間のみならず、集団間でもよく起こる。民族紛争もそうだし、政治における派閥争い、日本人の中で中国や韓国をやたらと嫌う人がいたり、それこそ古くからあるキリスト教のユダヤ教に対する敵視なども、みなこの自我の持つ性質が起こしてしまう現象なのだ。

▼自我はパラノイア的である

他者の空間にあるイメージに捕獲され、イメージになることで「私」になる。つまり「私は他者である」と認識することから「私」は誕生するのである。人間の認識もまた他者の空間に捕えられ、魅了されることによってはじまる。それゆえ、**人間の認識はその起源からパラノイア的（妄想的）なのだ。**妄想とは現実でないものを「現実」と信じ込んでしまうことである。人は「自分は自分である」と信じているが、実際は「私は他者である」のだ。

鏡像段階は人生の一時期のみに生じるのではない。ここで展開される構図が終生反復されるのだ。だから、自己を認識するためにはつねに他者という鏡が必要となる。自己の鏡像は私を魅了し、これに同一化することで私は私になる。しかしそれは他の場にあり、人はつねにこの他の場を必要とし、他の場で自己を構成し続けねばならない。

ただ、自我を構成するイメージは、どんなものでもいいというわけではない。それらは熱愛するだけではなく、憎悪や不快といった激しい感情を伴って知覚されたイメージである。そうしたイメージが次々と出現し、それらを取り込み、構造化されたものが自我である。**自我がその中で自らの姿を認めることができるようなイメージ、自分と似た他者の人物像、熱情を伴って想起させるようなイメージが選択されるのである。**

このような自我の構造を内包しながら私たちは社会生活を送っている。自己の鏡像の認識を実際の社会における他者の認識に重ねていき、自分に似た他者（同類）と自分を比較したり、同定したり、競い合ったり、支配され支配するという関係に投影していくことになる。こうした確認作業の繰り返しによって自己の同一性が確保されるわけだ。要するに、「私」の同一性が継続している間、他者への自己疎外も続いているということである。それゆえ、自我はたえず動揺にさらされ続けることになる。ここに安定性をもたらすのが象徴界である。

▼自我理想と理想自我

鏡の前に置かれた子供が認識する自己像のことを**「理想自我」**と言う。まさに私を魅了する理想として映し出された自己のイメージである。理想自我は自我であるがゆえに想像界のものである。理想自我は私と癒着してしまって、差異を見出しにくい他者（autre、小文字の他者〉である。

この自己像を認めたとき、子供はその背後にいる大人――たとえば、子育てに従事する母――に振り向く。それは、みずからが認めた鏡像がたしかに自分の像（イメージ）であることを承認してもらうためにである。そのときこの大人は子供にとっては自己に癒着することがない絶対的な存在、**〈他者〉**（Autre、大文字の他者）であり、想像的な緊張関係を緩和し安定をもたらしてくれるものである。自己の鏡像が自分であると自分で認めても確信は至来しない。ここに確信をもたらしてくれるのが〈他者〉である。そこには〈他者〉に対する私の圧倒的な信頼がある。〈他者〉は自己の存在を確定してくれるはずであると私は思い込み、自分に対する承認の印を〈他者〉に要求する。言うまでもなく、目が見えない人にも自我はある。**鏡像段階論において重要なのはこの〈他者〉からの承認であり、それは〈他者〉からの言葉（声）やまなざしの中に認めることができるのである。**

かくして、子供は絶対的存在である〈他者〉が存在する場に同一化することになる。それは、そこから自分を見つめ、自分自身のイメージを獲得しようとする場である。〈他者〉の地点に立ってみずからが愛される者なのか、欲望される者であるのかを評価するのだ。**そう、愛とは存在の承認である。**

〈他者〉のこの地点から与えられる印を**「自我理想」**と言う。ラカンが言うように、自我理想の点はちょうど「他人の目から見る」ような点であり、自我理想から自己を見ることができるようになることで自我が形成される。理想自我が想像的なものであるのに対して、自我理想は象徴界の領域に属する。

自我理想の立場から自分自身を見るというのは、普遍的な立場から自分自身を見るということであり、それは自己を言語によって認識することにつながっていく。「私とは何か？」という問いに対する答えを象徴的な次元で見出そうとすることなのだ。それは幼少期に意味も分らぬまま周りから聞かされ、見させられたことから構成されており、無意識の中に残存し、主体を支配する機制となり、自我を構成する。自我理想が私たちを導いていく象徴界とは、言語的領域なのだ。

たしかに言語を使用するとき私たちは普遍的立場から認識し、表現する。でなければ他人とコミュニケーションできない。とはいえ、どうして「これ」をある単語で使用しなければいけないのかは、その単語を使用する当人にはわからない。「そうなのだから、しょうがいない」と開き直って言語の世界に飛び込んでしまったのだ。あたかも、ルールを知らないまま、気がついたらゲームの参加者になってしまったようなものだ。だから、象徴界に「意味」はない。私たちは象徴界という空虚を抱え込んだ自我を持つ者たちなのだ。

ともあれ、私たちは自我理想に誘われ象徴界の住人になっていくのだが、自我理想の機制はその後、たとえば日々の生活の中で、親や常識、マスコミを盲信してしまうことなどの中で働いている。私たちは生を送る中で様々なイデオロギーの担い手となっていくとき、そこには自我理想に対する「信仰」が深く関わっているのだ。

ここで確認すべきは、これまであたかも想像界から象徴界へと段階的に移行するかのような印象を与えてきてしまったが、実際は、最初から象徴界はすでに想像界に重なり、想像界を決定しているのである。それゆえ、**私たちの身体イメージも最初から象徴界によって統制されており、象徴界がその骨格を形成している。つまり身体が象徴界から言語的作用を受けることで自我は構成されるということなのだ。**鏡像段階における鏡の世界はすでに象徴的平面であり、ラカンはこれを**「象徴的培地」**と呼んだ。

エディプス・コンプレックス

▼要求・欲求・欲望

フロイトから「あなたはお父さんを押しのけて、お母さんを自分のものにしようとしている」などと言われても、誰だっていま一つピンとこないだろう。エディプス・コンプレックスは「フロイトの症状にすぎない」とか「フロイトの夢である」などと言われたが、ラカンはこれを実に論理的に説明した。そう、まさに論理である。エディプス・コンプレックスは、いわば別の視角からの鏡像段階論である。

前述したように、人間は完全な感覚的・運動的調和を欠いたいわば未熟児の状態で生まれてくる。それゆえ人間は産み落とされるやいなや他者に依存せざるを得ない。私たちの文化の中では多くの場合、その他者は母である。母は、子供に対し誕生直後から食物を与え保護し救済してくれる他者、人間にとってのはじめての他者である。人間の生存の可能性は、母という他者とのやりとりにすべてがかかっている。

たとえば、空腹感等の内的緊張にみまわれた子供は、それを取り除くために泣き声を発するが、当初それは単なる物理的な音にすぎない。ところが、それを受け取る母は、子供からの何らかの**「要求」**であると、自分の**「欲望」**に基づいて解釈し、子供に返答する。このやりとりが反復されると、それまで単なる音にすぎなかった泣き声が「意味」を帯びるようになる。子供は生物学的な必要性、すなわち**「欲求」**に迫られそれを充足するためには、いったん言語を媒介にして他者に要求しなければならないことを学ぶのである。

この返答の中に書き込まれている「欠如」が「欲望」である。欲望とは欠けたものを補うこと、あるいは欠如の印そのものである。このように欲望はつねに他者を媒介にすることによってしか具体的な形は与えられない。それに対して欲求は生物学的な必要性であるから、言語を介してそれを充たす人間においては他の動物のようなものとしては存在しない。だから人間には正確な意味での欲求は存在しないことになる。欲求はたしかに不足分を満たせば満足があり得る。それに対して欲望は限度を知らない。それは、これから見ていくように、欲望の充足はつねに謎の地点であるからだ。**つまりどうすれば欲望が充足するのかは人間にはわからないのである。**

▼想像的ファルスと象徴的ファルス

要求は子供から母に対してだけでなく、排便の躾などのように母からももたらされることもある。要求と返答が一致しているとき、子供は母の欲望の対象は自分であると感じている。母の欲望の対象であるということは、子供が母の欠如を満たすものであるということだ。この時点で欠けているものを**「想像的ファルス」**と言い、ラカンはこれをφと表記する。それは、子供が想像する他者の欲望の対象である。子供はこのファルスに同一化し母の欲望の対象になる。そのとき子供の存在が確保される。この時点では、要求と欲望は混同されている。さらには、「母＝私」というように、その主語＝主体も曖昧である。ラカンは母と子供のこのような密接な結びつきを近親相姦的癒着関係と表現した。子供にとってはすべてが満たされた至福の時間である。

しかし実際、母はみずからの生活のすべてを育児に捧げることはできない。要求が期待はずれになるという、要求と返答の不一致は必ず起こりうる。しかし、この事態は子供にとっては理解もできなければ、いったん確保されたみずからの存在が無に帰せられる危険に直面する事態でもある。だが母との癒着関係におかれている子供には、「母の欲望の対象とは何か?」という問いに対する答えをこの次元では見出せない。そのとき子供は、母の欲望の彼方に別の次元があるのではないかと考える。母は自分以外のものを欲望している、母の欲望の対象は他にあることを察知する。この事態が、子供を言語に誘うことになる。

フロイトは自分の生後一年六ヶ月になる孫が、母がいなくなると、糸巻きをベッドに投げ入れながら「フォルト/ダー」(いない/いた・あそこ/ここ)と声を上げ、それを繰り返している様子を観察した。そのときフロイトは、そこに何らかの意味があると察知した。彼の幼い孫は母の現前(いる)・不在(いない)を糸巻きのそれに置き換えていたのだ。糸巻は母の代理である。この時期の子供にとっては、親と自分自身の区別ができないから、糸巻は自分自身の代理でもある。言語の一つの機能は、事物を表現する、すなわち代理(表象)することであるから、糸巻き遊びに興じる子供の行為も立派な言語行為である。言語を媒介にした能動的行為によって、子供はみずからが被っているネガティヴな事態を能動的な支配へと転化しているのだ。フロイトは、この小さな人間が、言語によって、自分のおかれている現実から別の「現実」を作り出す、言語獲得のはじまりを見たのである。たとえば、「お母さん」なり「ママ」はたしかに母を呼ぶ言葉であるが、母が自分の前にいないときに現実の母の代わりに使用されるものでもある。母の不在という現実を覆い隠す虚構を作り出し、安心するためのものである。

この言語の次元は父の次元、母の欲望を充たす次元である。父は母の欠如を充たす**「象徴的ファルス」**（Φと表記する）を所持するのだ。子供は、母のファルスとしてはもはや消えゆくしかない自己の存在を確保するために、父を理想像として仕立てそれに同一化し、父のように象徴的ファルスを持つことを選択するしかない。だが、象徴的ファルスは母の欠如を示す印でしかない。母との想像的な関係の次元において自分の存在の場所を示す印を置き換えた印でしかなく、それゆえ内実＝意味は不明である。この次元の父を〈他者〉と言い、他者のように子供との癒着関係の中に消え去らない絶対的な〈他のもの〉、その関係の彼岸にある〈他の場〉、言語の場である。

この場で示されている言語は何か（私の存在の場所）を指し示してはいても、しかし言語記号ではない。言語記号は何らかの意味を持っているからだ。そこでラカンはこの印を言語記号ではなく、シニフィアンとした。通常の言語記号はシニフィアンとシニフィエが結合したものとしてある。だが、象徴的ファルスというシニフィアンはシニフィエ（意味）

を欠落させている。つまり純粋なシニフィアンであり、父の次元からそれはもたらされる。この父の次元を「象徴界」と言う。象徴界はシニフィアンの宝庫であり、言語という象徴、契約そのものでしかない言語が織りなす領野である。

▼象徴界の無意味さ、シニフィアンの連鎖

人間主体は自分の存在が消失しかけようとしているそのとき、言語の領野へと飛躍する。言語は私の存在を象徴的に示してくれる。だから**言語の領域を象徴界と言うのだ**。固有名詞でも、「僕」でも「私」でもかまわない。とりあえずその語にしがみつくことで主体の存在は、言語の領域では確保される。「とりあえず、これでいこう」と〈主体と〈他者〉との間で〉契約が交わされる場が象徴界なのだ。しかしなぜその語であるのか、あるいはその語が本当に私の存在を示すものなのかは主体自身には分からない、意味不明なのである。それゆえ**象徴界には意味はない**。主体にとっていつまでもよそよそしく疎ましいのが象徴界なのである。だから、象徴界は主体を母との想像的癒着関係から引き離すことになる。

シニフィエを欠いている象徴的ファルスでは主体の存在は不確定なままである。そこには単に欠如しか印されていないからである。そこで主体は別のシニフィアンにそれを置き換える。しかしそれでも不確定なままで、さらなる置き換えを次々に繰り返していく。

主体の存在（シニフィエ）はこのように「シニフィアンの連鎖」に回送されることになる。しかし私の存在についての十全な意味は永遠に示されることはない。

このシニフィアンの連鎖に回送されていくこと、すなわち言語に置き換えていくことが、欲望すること、欠如を埋めようとすることである。それはまた、「思考すること」でもある。「母＝私の欲望の対象とは何か？」、「私の存在、その意味はどこにあるのか？」という問いに答えを与えようとすることなのだ。

この象徴的な次元は、精神分析のいう「去勢」（-φ）を主体に課す次元でもある。母との近親相姦的な癒着関係を断ち切り、子供が母のファルスであることを断念させ、ファルスを所持するのは父のみであることを主体に通告し、母からファルスを取り上げ、主体が母と結びつくことを禁じるのだ。

主体が出現するのは、ここである。**みずからの存在の意味を失い、さまよい続けなければならなくなったそのとき、主体は現れ出る。**「主体とは、一つのシニフィアンが別のシニフィアンに対して代理＝表象するものである」とラカンは言う。記号が誰かに対し何かを示すものであるのに対して、シニフィアンは他のシニフィアンに対して主体を表現するものである。それゆえ主体の意味（シニフィエ）はシニフィアンの連鎖に回送されていく中で束の間、垣間見られては消失するものでしかない。だが、このように象徴界に参入することによって主体の欲望は秩序づけられる。私たちが唯一生存できるこの世界は言語の世界である。言語を操ることができるとは欲望することであり、欲望することで私たちはみずからが唯一経験できる言語世界の主体となる。

私たちは言語という〈他のもの〉によって世界を理解し、表現する者である。ところが、〈他者〉には決定的な欠落がある。「私は何者なのか?」という問いに対する答えを与えてくれないのだ。〈他者〉の領野である言語的世界は、私に対して多くのことがらについて説明するが、ところがそこは私にとって最重要な「私」についての意味を欠落させているのだ。さらに、〈他者〉が世界のすべてを決定し、説明してくれることを保証するものも実は存在しないのである。それをラカンは「〈他者〉の〈他者〉は存在しない」と述べた。

以上のような一連の過程がエディプス・コンプレックスであり、自我の一部がこれを引き継ぎ、超自我となる。超自我はエディプス的葛藤が解決されたことを示す心的審級である。超自我は自我に対し「おまえは父のようにあらねばならない」「おまえは父のようにしてはならない」という両義的な二つの命令を発する。前者の禁止の命令によって主体は、母と合一した状態、すべてが充たされた状態を断念しなければならない。そして、後者の命令は批判として自我が受け取ったものである。超自我の命令に背こうとするがゆえに批判されるのであり、これによって主体は罪悪感を持つことになる。フロイトはエディプス・

コンプレックスが克服され、超自我からの命令を受け入れ脱性化されることによって、個人における良心や道徳が発生すると述べる。

エディプス・コンプレックスでも鏡像段階論でも共通して言われていることは、伝統的な哲学を根底から覆してしまう。「われ思う、ゆえにわれあり」と述べたデカルトは、意識する私は意識によって私の存在をつかむのであるという、この主観性に対する信頼、そして「私」の存在の確信をゆるぎないものとして語っていた。ところがラカンは、**「本来の私」、「過去の最も純粋な私」など存在しない、自我すらも他者の衣装をはぎ取れば中身は空っぽであると述べたのだ。**「玉ねぎのようなもの」。ラカンは人間主体をこんなふうに例えた。幾重にも重なった外皮を剝いていくと、空虚だけしか残らない。これが私たち、人間なのである。

享楽と対象ａ

▼欲動、享楽、対象ａ

あるときまで精神分析がとってきた治療法は、患者の示す意味不明な症状に解釈を施すこと、つまり抑圧された情動に言葉を与えることであった。しかし、フロイトは、それでは治療が進まず、停滞を余儀なくされてしまう事態に直面した。そのとき彼は無意識には言語的次元には収まらないものがあるのではないかと考え、それを「欲動」と名づけた。

ラカンは、こうしたフロイトの考えを引き継ぎ、新たな諸概念を創出することで、さらなる理論的練り上げを行った。それらの概念の一つが**「享楽」**である。享楽とは欲動の充足である。享楽は快楽ではない。快楽は、緊張が低下したときに自我が感じる心地よい感覚である。それに対して享楽は、陶酔と違和感が混ざり合った許容範囲を超える緊張を感じる経験である。快楽は減少した緊張であり、享楽は最大の緊張なのだ。しかも享楽は直に感じられることはなく、事後的に感じられるものである。享楽は言葉や思考を超え出ており、そのとき主体は身体だけになってしまう行為として現れる。だから享楽を感じる主体はそこには存在せず、享楽する身体だけがそこにある。端的に言って、享楽とは近親相姦的な「快楽」であるが、それは神話的なものでしかなく、言語獲得以前の「存在そのもの」になってしまうことである。だから、享楽を感じる主体（私）は存在しない。

享楽の対象が**「対象a」**である。ラカンは、対象aの具体例として乳房・糞便・まなざし・声をあげる。対象aは現実界のものであり、想像界がイメージと意味、象徴界が言語の世界であるなら、現実界はイメージや意味、そして言語では表象できないものである。精神を病む者が幻聴を聞いたり、幻覚を見たり、あるいは誰かに見られていると訴えたりする症状を示すことがあるが、対象aはこうした症状と関わりがある。

人間は幼い頃、何らかの内的緊張にみまわれると泣き声を発する。母がその泣き声を食物の要求であると解釈すれば乳房を差し出すだろう。これが反復されることで、子供の中に充足体験が刻印される。それ以降、子供は内的緊張にみまわれるたびにかつて得た充足体験を得ようとその印に備給する（精神を集中させる）ようになる。その印は子供にとっては支配的な力を持ち、そのとき母は、子供にとっては絶対的存在、つまり〈他者〉である。

要求とそれに対する応答が一致しているときには、母と子供は完全に癒着している。この状態を〈もの〉と言い、ここにおいては「私（子供）＝母」となっているため「私」という意識は確立されていない。〈もの〉であるこの状態が子供の満足体験として刻印されるが、やがて要求と返答の不一致という事態が訪れてくる。そのとき子供は一つの問いを立てざるをえなくなる。「〈他者〉は何を欲しているのか？」と。このように要求の切断（不一致）は、主体を言語活動へと導き、母を〈他者〉へと位置づけることになる。そしてここで主体の欲望が構成される。

だが、〈他者〉はこの問いにいつまでたっても返答してくれない。主体が最も知りたいことに答えてくれないのだ。それゆえ主体はみずから答えを出さなければならない。

そこで主体が出す答えが対象aなのだ。対象aが現れるとき**「幻想」**も生起する。この幻想において主体の欲望が〈他者〉の欲望に結びつけられる。言うまでもなく、欲望は誰にでもある。だから幻想も当然誰もが抱くものである。その一方で、幻想は病の原因ともなる。フロイトがヒステリー患者を治療しようとしたとき、過去の性的虐待（性的誘惑）の記憶が病の原因になっていることをつきとめたが、しかしそれが実際にあったかどうかが問題ではなく、たとえそれが幻想であっても病を引き起こす原因となるとした。まさに幻想は病の原因ともなるのである。

主体は〈他者〉の領野である象徴界へと歩み出ることで、シニフィアンの連鎖へと回送されていく存在となっている。「シニフィアンは他のシニフィアンに対して主体を代理表象する」とは、主体を代理表象しているシニフィアンが他のシニフィアンによって次々に置き換えられていくということである。この置き換えが繰り返されるのは、どのシニフィアンも主体を完全に表すものではないからである。つねに何かが不足している。これを摑もうとしてシニフィアンの置き換えが繰り返されるのである。しかし、こぼれ落ちてしまうものは完全には汲み取ることはできない。その結果、シニフィアンの連鎖は永遠に続くことになる。このシニフィアンの連鎖からこぼれ落ちてしまう余剰物こそ、対象ａなのだ。シニフィアンの連鎖に回送されていくことが欲望することであれば、対象ａとは欲望を駆動させるものである。それゆえ対象ａは「欲望の原因としての対象」と言われる。

去勢は主体に対し、全能感に浸り、すべてが満たされた神話的な状況である**〈もの〉**にとどまることを禁じることが去勢なのだ。だがこの禁止の法は、言語的存在となった主体には「禁止」される以前にそもそも「不可能」なはずである。〈もの〉は言語以前・外のものであるゆえに、表象もできなければ、回帰することもできない。ところが、主体はそれを「禁止」として解釈する。禁止されるにすぎないなら、禁止に背いたその向こう側には可能性が開かれるからだ。主体はそのチャンスをつねにねらっているのだ。

このように私たち人間は去勢を経て言語的存在になった後にも、〈もの〉を取り戻そうとする。そのとき対象ａが出現するのだ。対象ａは、〈もの〉が象徴化の処理を受けた後に残るものである。この対象ａの周りで欲動が生起し、「幻想」も生み出される。すでに失われている対象ａを、幻想や欲動という形で取り戻そうとするのだ。しかし、欲動の充足、すなわち享楽は不可能である。享楽は言語の領域の外にあるわけだから、言語的存在となってしまった私たちには捉えることも表象することもできないのだ。

主体が去勢を受け入れることで欲望は秩序化されると同時に、対象ａがその余剰物として生み出され、幻想が生起する。幻想は、それゆえ主体と対象ａの間にシニフィアンが介在することで生じるのであり、〈もの〉の作用とシニフィアンの切断の両方の結果である。このような意味で、幻想は欲望を支えるものであるのだが、しかし欲望を維持することはできない。去勢が介入しなければ欲望は欲動に変換されてしまうのだ。

無意識は作動しているシニフィアンの連鎖である。この連鎖には一つの要素が欠けている。それは享楽を表象するはずのものである。それゆえ象徴界には〝穴〟があいているのだ。この穴に対象aが生じ、対象aの周りで欲動が生起する。この欲動の存在によって精神分析の進行は停滞を余儀なくされ、患者は病に苦しむことになる。それゆえ、分析の課題は〈他者〉の欲望とその享楽との分離を行なうことである。

欲動は去勢を回避しようとするものであるのに対して、幻想は去勢を受け入れることで生み出される。ラカン派哲学者のスラヴォイ・ジジェクは、幻想とは結局、去勢という「ありえない」場面の上演であると述べている。主体は去勢されることによって誕生するのだから、主体自身は去勢される時点では存在しない。だから、「ありえない」のである。そして去勢を通過することで象徴界に住まう主体、すなわち欲望する存在が誕生する。そのとき享楽は消去されるが、幻想はその瞬間を再現しようとするのである。それゆえ、幻想は欲望と欲動を隔てる障壁であると言える。

そういった意味では、エディプス・コンプレックスそのものが幻想であると言える。超自我からの「おまえは父のようにあらねばならない」「おまえは父のようにしてはならない」という両義的な命令は幻想の中で示されたものである。主体は、母との癒着関係を断ち切り、父の次元である象徴界に到達しろという命令を聞きながら、片方で母に執着しようとするから、「父のようにしてはならない」という命令が同時に発せられるのだ。エディプス・コンプレックスは「健常者」と言われる者たちにも共通してみられる幻想である。他方で幻想は、心の病の原因となる。たとえば、サディストのような倒錯者は超自我から発せられる「父のようにあれ」という命令を「享楽の命令」と解釈する。

対象ａは象徴界からはみ出たもの、つまり言語やイメージでは示しえない現実界のものであるが、しかしときとして具体的な形象を持って現れる。これは主体が病に陥っている際に見る幻覚であり、欲動に押し流されるときに具現化する。それが、乳房、糞便、まなざし、声である。だが、対象ａは通常では表象不可能であり、言語的世界に住まうわれわれには「つねに永遠に失われたもの」である。しかしそうではありつつも、対象ａは「健常」といわれる者にも何らかの形でつきまとう。

幼児が空腹を満たしてもなお、まるで食物をとらなかったかのように乳房の幻覚を見ることはよくある。幻覚的な乳房は、生理的欲求は満たされても、要求に関しては満足させてない幼児の幻覚の中にイメージとして現れる。この幻覚的な乳房こそ対象ａである。要求の切断は象徴界へと主体を導くが、それと同時に幻覚的な乳房という対象ａも産出する。しかし、対象ａは正確には幻覚的な乳房そのものではない。対象ａは一種のエネルギーであり、言語では捉え難い「剰余享楽」である。乳房は幻覚的な見せかけであり、対象aはそれに覆われた穴である。

言語世界に住まう主体に対し、つねに一般的なことがらを表現する言語は、それゆえ個々の固有性を保証することはない。他とは取り換え不可能な〈私〉のかけがえのなさは言語では表現できないのだ。主体は流動するシニフィアンの連鎖にただ流されるだけである。こうした主体に対し、言語世界には収まらない対象aは、主体に対し固有の場を確保してくれる。対象aは主体の固有性のよりどころとなり、幻想はその具体的な物語となる。幻想の最も典型的なのは性的幻想であるが、たしかに性的幻想の内容はそれを抱く主体ごとに様々であり、まさに私秘的・個人的なものとしてある。

〈他者〉の欲望が未知であることによって主体の欲望は構成されるが、〈他者〉からの返答を期待し、〈他者〉に従属した受動的な状態では主体の存在は疎外されたままである。そのとき**主体は能動的に象徴界から抜け出ることで、自らを生み出すことを選択する。対象aと関係を持つこと、つまり幻想を持つことで独自の存在を得るのだ。この幻想が私たちの「現実感」を支えている。**幻想の枠が崩壊すると、現実感が喪失してしまい、現実は「非現実的な」悪夢のような宇宙となってしまう。

これは精神分析が対象とする「不安」の状態である。不安は対象aを見失うことで生起するのだ。

▼不安

精神分析においては、不安は恐怖とは異なる。恐怖は恐怖を抱かせる対象を具体的に持つのに対して、不安には対象があるとは必ずしも言えず、対象がないところで漠然とその情動だけが感知される。フロイトは不安に関してただならぬ関心を示しつつも曖昧なまま放置したが、ラカンはこれに再度注目し、理論的な練り上げを施し、こう述べた。**「不安には対象がないわけではない」**。不安には対象があるとは言えないが、ないとも言えない。つまり、「あるとは言えないもの」が「ない」のである。対象aである。対象aこそが不安における対象である。しかも興味深いことに不安は対象aが欠けると引き起こされると同時に、それが現れるとまた惹起されてしまうということである。

不安そのものは何らめずらしいものではない。人は人生の時々に応じて、自己が所属する共同体に特定の場を持ちながら生きる。だがその共同体から離れ、別の共同体に移行せざるを得ないときがある。そうした際、漠然とした不安が惹起される。社会の中で他の誰かではなく、この私が占めていた、積極的には指示することができない場、いわば「空虚な場」が失われると、不安が引き起こされるのだ。こうした場を形成するのが対象aである。

しかしその一方で、たとえ社会の中に自分の居場所が確保されていても、その場が他人と取り換え可能な均質性に支配されると、また不安を引き起こさせる。自己の固有性を見出せず、集団の中に埋没していくような状況である。共通するのは、結局どちらの場合にも自己の特異性を見失う状況であるが、この自己の固有性を保証するのが対象aである。

対象aは言語的には捕らえられない私の固有性を保証し、そして幻想の対象である。幻想はつねに私的なものであり、主体の具体的生に現実味を与える。それゆえ主体が対象aと何らかの関係を持てるとき不安が取り除かれ、そこに幻想が成立する。

ところが、幻想は不安を取り除いてくれるのと同時に、逆説的にも不安をもたらすものでもある。それは、対象aが両義的な性質を有しているからである。対象aは欲動の対象であるが、たとえば通常なら忌避させる糞便は、肛門期に固着する者にとっては金銭となり、魅惑の対象となる。このような逆説的な性質を呈するのが欲動の対象、すなわち対象aである。幻想は対象aを映し出すスクリーンのようなものである。そして私たちは対象aをめぐってさまざまな幻想を抱く。

たとえば、私たちがときおり抱く「本当の私」などがそうだ。一応「私」はこの現実世界の中で具体的な身分を持って存在している。何らかの名前を持った者として、誰かの子供として、どこかの学校の学生、あるいはどこかの会社の社員として、誰かの友人として、誰かの恋人として……さまざまな社会的役割を担ったものとして一応は存在しているが、しかしそれらは「本当の私」を表現するものではなく、かけがえのない「私」の固有性を示すものではない。現在の私が装っている社会的身分をすべて脱ぎ捨てたとしても、どこかに「本当の私」が存在するはずだ、あるいは「存在してもらいたい」という思いが「私探し」の旅へとおもむかせる。こうした幻想の中で探し求められている「私」が対象aなのだ。対象aは象徴界にも想像界にも完全には収まり切れず、イメージや言語では捉え切れず、そこからこぼれ落ちてしまう余剰物であった。しかも主体の固有性を保証する。そして欲望の原因となって欲望を発動させ、「私とは何か?」という思考を展開させるものである。だが、対象aは具体的な形象を持たない。それゆえ、「私探し」の旅も永遠に続くことになる。

現代社会は物質的には豊かになった。これは、私たちの生活の隅々にまで資本主義経済が浸透した結果である。私たちの生命圏はすべて商品に満たされ、この世界はたえず私たちに「物を買え!」と迫り、欲望を掻き立て、私たちはこの命令に逆らうことができず従ってしまう。あるいは世界は経済的合理性に支配され、各人はその下で生きるしかなく、社会の歯車として一生を全うせざるを得ない。情報化社会は複雑怪奇な様相を呈し、いったいどのような仕組みで世の中が動いているのかがよくわからない。そんな中、世界の政治と経済は混迷をきたし、先行きが不透明である。このような状況の中で一つの思いが頭によぎる。私の存在など、この世界ではとるに足らないものなのかもしれない。「私って、何？誰なの？」漠然とした不安が世の中を覆っている。

どんな社会になろうとも、不安は人間につきまとうものである。だが、過剰な不安に覆われた社会の中で生きていくことは誰でも耐えがたいことである。しかしそのとき私たちの抱く不安のメカニズムは知っておく必要があるだろう。

LOUIS
ALTHUSSER

第5章

アルチュセール
イデオロギーをのりこえるために

革命的理論なくして革命的実践はない。
それゆえ必要なのは理論実践である。
新しい社会を招来させるには、
私たちの認識と思考を拘束するイデオロギーから離脱し、
新たな科学的地平へと飛躍することである。

二つのマルクス主義

二度にわたる世界大戦を経験した後、世界の知識人にとってマルクス主義は希望だった。なぜなら、マルクス主義はかくも悲惨な結果をもたらす帝国主義戦争がなぜ起こるのかを説明し、さらにはその原因を封じ込める方法を教えてくれるからだ。さらには、マルクス主義に従えば、人類が希求してやまない平等な社会を実現できる。しかも、単に思想や理論のレヴェルで終わるのではなく、現実にマルクス主義によって建設された国家、ソ連が存在する。戦争の惨さと無意味さをいやというほど体験してしまった時代にあっては、マルクス主義は多くの者にとってまさに「救い」であった。

ところが、現実のソ連は理想とはかけ離れた状態にあることが明るみに出る。ロシア革命を成し遂げたレーニンの後を引き継いだスターリンの時代において、密告と粛清が繰返される誤った政治が行われ、ソ連全土は強制収容所の様相を呈していた。当時のソ連書記長であったフルシチョフによる一九五六年の「スターリン批判」は、社会主義はユートピアとして単純には掲げられないことを人々につきつけた。もちろん、東西冷戦体制のもとで西側諸国と軍拡競争に明け暮れ、ときに他国に軍事介入するソ連の姿を見せつけられるにつけ、安直に支持することはできないことは誰もが分かっていた。

とはいえ、資本主義と帝国主義に対抗するマルクス主義に代わる思想はない。そこで知識人たちが考えたのは、ソ連とは別の仕方で社会主義国家を展望することである。そこで注目されたのが、若きマルクスが『経済学・哲学草稿』の中で主張した疎外革命論であった。ソ連の正統派マルクス主義の政治が『資本論』に依拠するならば、疎外革命論はそこに欠落したものを補うことで、正統派マルクス主義とは根底的に異なるマルクス主義を構築することができると考えたのである。

たとえば、フランスでこの論陣を張った代表者がサルトルである。**「マルクスはわれわれの時代ののりこえ不可能な思想である」**と言ったサルトルは、他方で実存主義の旗手であり、当時の思想界をリードする最もメジャーな思想家であった。

実存主義とは資本主義が発展する中、大衆社会の中に埋没してしまう「私」を救い出す思想である。マルクス主義も含めたこれまでの哲学思想は、「普遍」の名の下に、個人を「人間」という種の一つとしてしか見なさない。だが、「私」は一回限りの生を送る、他とはとりかえ不可能なかけがえのない唯一の存在であるはずだ。「私」は、抽象的な世界ではなく、「この現実」を生きる「この私」、実存者である。戦後の退廃的な空気の中で、こうした実存主義を掲げることで、一躍世界の思想界の輝ける星となった。しかしその実存主義さえも、サルトル自身はマルクス主義の添え物にすぎないと言った。

サルトルは、スターリニズムの問題は、過度の工業化とスターリンに対する個人崇拝にその元凶があると総括した。ソ連を中心とする正統派マルクス主義が主張する唯物史観は、下部構造による決定という図式にすべてを押し込み、経済に還元してしまう。そのときサルトルは、察知した――そこには人間に対するまなざしが欠落している、人間についての真理が存在しない、それゆえマルクス主義を人間の手に取り戻さなければならない。抽象化され、統計の対象でしかない人間ではない、具体的な現実を生きる「この私」を救い出すマルクス主義である。そのとき実存主義の登場が要請される。実存主義とマルクス主義が結合することで、人々に希望と真理をもたらすマルクス主義を示すことができる。「人間の顔をしたマルクス主義」、いわゆる実存主義的マルクス主義の誕生である。そこでサルトルがマルクス主義の刷新を目指して依拠したのが、**疎外革命論**である。

若きマルクスは、ヘーゲルの影響下で思索し、「疎外」という概念をヘーゲルから導入し、革命の展望を模索した。そこから導出されたのが「労働の疎外」という概念である。

労働とは本来、人間の本質的な営みであり、生産活動の中で自己の能力を発揮し、自分が作った生産物の中で自己の存在を確認する活動である。そして人間が労働する際、それは必ず社会的関係の中で他者と結びつきながら行われる。こうした人間の本質を類的存在と言う。ところが、私有財産制を基礎とする資本主義の中では、労働は生活手段となり、強いられた苦役となってしまう。これが「労働の疎外」である。労働の疎外には、労働者の労働の成果である生産物が労働者の手を離れて資本家の手に渡ってしまうという、生産物からの疎外、そして労働そのものが自分自身のためではなくなってしまう、労働そのものからの疎外、そして労働者の社会的な連帯が失われる類的存在からの疎外、最後に人間が人間本来のあり方から疎外される人間からの疎外がある。これを克服するために革命を行い、私有財産制を廃止し、労働手段を国有化しなければならないというのが疎外革命論である。もちろん、革命後の世界は労働の疎外はありえない。

疎外革命論は、ソ連とは異なるマルクス主義が標榜された時代、とりわけ一九六〇年代の反体制学生運動が世界の先進国を席巻した時代にあっては、多くの人々の心を捕らえ、注目を集めた。ところが、これに異を唱える思想家が登場する。ルイ・アルチュセール、彼は疎外革命論では革命は成し遂げられず、しかもこれはマルクス思想の神髄を捻じ曲げることになってしまう、だから「真のマルクス」を示さなければならない、アルチュセールはこう主張したのである。

アルチュセールによれば、マルクスには二つある。『ドイツ・イデオロギー』を切断点として、それ以前のマルクスとそれ以後のマルクスである。ヘーゲルの影響下にあった若きマルクスは、『ドイツ・イデオロギー』以降、まったく異なるマルクスへと変貌を遂げる。「世界を解釈することではなく、肝心なのは世界を変革することである」(『フォイエルバッハに関するテーゼ』)と喝破しながら、マルクスは新たな地平へと跳躍を遂げたのである。前期マルクスは疎外論哲学に留まるマルクス、後期マルクスはそこから離脱し科学の地平に達したマルクスである。アルチュセールが「真のマルクス」とするのは、後期のマルクスである。その科学とは歴史の科学、すなわち唯物史観である。これこそ、私たちが社会変革を目指すときによりどころにすべき理論であり、マルクスの偉大さは、歴史の進展を科学的に説明してくれるところにある。アルチュセールはそのように主張する。

認識論的切断

アルチュセールの理論活動は、フランスで展開されてきた**エピステモロジー（科学認識論）**に依拠する形で行れる。フランスのエピステモロジーは、コイレやカンギレム、そしてアルチュセールの師であるバシュラールなどの科学史家たちによって担われてきた。

エピステモロジーは、科学の歴史を直線的な連続的発展の過程とは捉えない。科学の歴史とは、旧いものから新しいものへの断絶と跳躍の過程、非連続的連続の過程である。新しい科学理論は先行する旧い科学理論の成果や蓄積を基礎にして誕生するのではなく、先行する科学理論とは根本的に異なる新しい基盤と新しい概念をみずから生み出しながら打ち立てられるのだ。エピステモロジーは、ある科学理論が誕生し、支配的になり、やがてそれに代わる新たな科学理論が登場し、旧い理論を駆逐しのりこえる、そうした新旧の交代、絶えざる変革過程を科学の歴史として捉えるのである。この科学の歴史を説明するにあたり、アルチュセールは**「認識論的切断」**という概念を提示する。**新たな科学は旧い科学を葬り去り、それから切断されることによって誕生する。**

ただ、旧い科学が支配的になるとき、それはイデオロギーと化している。どんな科学理論も裸の状態では存在せず、つねにイデオロギー的な汚染を受けているということである。たとえば、一つの科学理論が他分野へ適用されたり、「解釈」されることによってである。どんな時代でも人は最先端の科学理論に影響を受け、それを使いながら様々なことを語りたがる。あるいは、とりわけ自然科学者たちはみずからが取り組む対象について客観的な認識を得るために、ひたすら数学を基礎にした理論を駆使しながら対象を理解し、表現するだけであり、その成果が現実の世の中でどんな意味があるかについては問わない。この意味を科学者に代わって解釈するものの代表が哲学である。科学はイデオロギー的汚染を被るのだ。アルチュセールに言わせれば、**そもそも人間の認識がイデオロギー的であるた**

めにそれは当然のものとしてある。したがって、新たな科学理論の誕生は、イデオロギーから科学へという推移過程を経る。

アルチュセールが言うイデオロギーとは、マルクス主義においてはきわめてスタンダードなものである。彼の念頭にあるイデオロギーとは、まさに『ドイツ・イデオロギー』で批判の対象として掲げられたもの、第一に哲学、しかもヘーゲル哲学、疎外論である。もちろん宗教もイデオロギーの一つであり、ヘーゲル哲学はキリスト教と分離できない形で展開された事実がある。

そして**マルクス主義では、イデオロギーは人間たちの現実の生活諸過程の「反映と反響」でしかなく、「幻想」、「虚偽意識」にすぎないのと同時に、現実の諸関係を覆い隠す効果を持つとされてきたが、アルチュセールもこうした捉え方を基本的に踏襲する。**

だが、それだけで終わるならアルチュセールは凡庸な理論家でしかない。イデオロギーはたしかに「幻想」「虚偽意識」でしかなく、科学史全体から見れば、イデオロギーから科学への跳躍の過程は、先行する「誤った認識」から新たな「真理」への到達の過程とも言える。しかし、イデオロギーはその時代その地域では「誤った認識」どころか、そのような疑念を一切抱かせない、まったく自明なものとして存在してしまう。アルチュセールは「イデオロギーは外部を持たない」と述べているが、あるイデオロギー空間の中にいる者は、自分がイデオロギー的である（つまり、私は「偏った観念」を持っている）などとはまったく思わない。たとえ、後の世代や、外部の人たちから「イデオロギー的だ」と思われようとも、イデオロギー空間にいる者たちはそんな感覚を一切持たないのだ。

そうしたイデオロギーの性質が、新しい科学が誕生するときの「障害」となる。アルチュセールはバシュラールに学び、これを**「認識論的障害物」**と呼んだ。**イデオロギーは、人々をいまあるイデオロギー空間の中に閉じ込めてしまう効果を持つのである。**イデオロギーは、アルチュセールが再三繰り返すように、その特性として「閉鎖性」を持つ。それゆえ、新たな科学の前進にとっては「障害」となってしまう。この認識論的障害物をのりこえ、新たな科学が誕生するとき認識論的切断が行われ、科学の歴史が推移する。

認識論的切断とは、このようにイデオロギー的観念世界から科学的世界への跳躍を記述するものである。また、こうした見解を踏まえれば、たしかにイデオロギーは現実の諸関係を隠蔽する効果を持つが、しかし虚偽意識と言い切ることもまたできない。

また、新たな科学が誕生するやいなやイデオロギー的な汚染が起こるが、それは同時に新たな科学に影響された哲学が誕生するということでもある。たとえば、タレスによる数学の建設がプラトンの哲学の誕生を引き起こし、ガリレオによる物理学の建設がデカルトの哲学を引き起こしたのである。そしてそれらと同様に、マルクスによる歴史科学の建設は、マルクス主義の哲学、すなわち弁証法論的唯物論をひきおこしたとアルチュセールは言う。しかも、この哲学は、理論的にも実践的にも革命的な新たな哲学である、と。

アルチュセールは、**「革命的理論なくして革命的運動はない」**というレーニンの言葉をことあるごとに引用する。社会を変革するためにはやはり「新しい」理論が必要になる。新しい社会を目指しながらも、しかし闇雲に実践しても埒は開かないだろう。だが、何をもって「新しい」とするのか。ことさら社会変革においては、「新しさ」とは「革命的」であることを意味する。なぜ現状の社会は変革されるべきだと思われても維持されてしまうのか。それはそこに住まう人々が、積極的であれ消極的であれ、現状社会での「考え方」を受け入れているからである。なぜか。それ以外の「考え方」を知らないからである。そのような人々によって現状社会は支えられ、維持されるのだ。ここで力を発揮しているのがイデオロギーである。イデオロギーが人々を閉鎖的な空間の中に閉じ込め、それ以外の「考え方」を持たせないでいるのだ。それゆえ、このイデオロギー空間を突破し、新たに地平へと人々を導く理論が必要となる。人々が閉ざされたイデオロギー空間では持つことができない「別の世界」のイメージを持つことを可能にする理論、まさに革命的な理論である。革命的な理論を獲得するためには、まずは理論における革命を成し遂げなければならない。そのようにアルチュセールは私たちに呼びかけるのである。

科学こそがつねに私たちの認識の地平を切り拓く。そのとき同時にそれに影響された新しい哲学（＝イデオロギー）が誘発される。これと同じことがマルクスにおいても生じた。マルクスは歴史の科学、すなわち史的唯物論を創始した。これによって弁証法的唯物論という新しい哲学が誕生した。しかもマルクスは、これを自力で成し遂げたのであり、科学者と哲学者の両方をマルクスは一人で担ったのである、アルチュセールはそのように言う。だが、弁証法的唯物論というマルクスの哲学はマルクスの科学の中に潜在的なままにとどまっている。それゆえ、これをマルクスに代わって白日のもとにおくことが哲学者である自己の任務であるとアルチュセールは考えた。弁証法的唯物論は、新たな科学の誕生を促し、これを手助けするもの、すなわち理論革命を推進する理論、すなわち「理論実践の理論」、アルチュセールはこう言ったのである。

「読み」の問題

しかし問題は、どうすれば自分がいま生きる特定のイデオロギー空間から抜け出ることができるのか、である。そのときアルチュセールが光をあてたのは、「読む」という行為である。「読む」という実にありふれた行為の中にこそ、一つの可能性が潜んでいる。

ただテクストを読んでいるだけでは未来への扉は開かれることはない。求められる正しい読解とは、テクストを正確に、客観的に読み解くことなどではない。本を開けば、直ちにすべてが目に飛び込んでくるわけではない。読み手とテクストの間に想定された透明性は、しょせん「宗教的神話」でしかない。客観的な解釈は、一つの過信にすぎず、事実、後になってみれば一つの無邪気な思い込みであったとみなされることもある。それゆえ、まずは「読むことの宗教的神話と手を切ること」である。

では、どのように「読む」のか。それはマルクスが行っていた「読み方」である。マルクスの独自性とは何か。マルクスは、アダム・スミスやリカードなどの先行する古典派経済学の単なる遺産継承者などではない。マルクスは一つの理論革命を成し遂げ、未曾有の理論的地平を切り拓いたのである。『資本論』のサブタイトルは「経済学批判」である。マルクスは、『資本論』において、古典派経済学を批判する。そして、剰余価値を「発見」した。しかし、古典派経済学も実はすでに暗黙裡に剰余価値の存在を知っていたのである。ただ、それを「説明する」ことができなかっただけである。なぜか。それは彼らの理論的「認識」の地平では「見えない」ものであったからである。

マルクスは古典派経済学のテクストを読んだ。しかしただ漫然と読んでいたわけではない。そのときマルクスが行っていた読解が**「徴候的読解」**である。**この読解はテクストの**

上には顕在化していない潜在的なものを読み取るものであり、読んでいるテクストの背後に可能態として隠れているもう一つのテクストを読むことである。アルチュセールは、マルクス自身の行ったこの読解を、さらにマルクス自身のテクストに施すことを試みる。それによってマルクスの剰余価値の発見を説明するのである。

そのとき重要になるのが**「プロブレマティック」(「問題設定」なり「問いの構造」と訳される)**という概念である。理論的論述はすべてある特定のプロブレマティックを基盤にして行れる。それによって問いを発し、それから問題の解決方法を与えられ解答を見いだす。したがって解答はすでに問いの中に含まれている。それに認識をもたらそうとする対象そのものが、すでにしてプロブレマティックの中で与えられたものでしかない。それゆえ、その対象を問題にする時点で与えられるであろう「認識＝解答」がすでに問いの中に含まれている。解答を与える、すなわち、**問題を解決することとは、そのプロブレマティックの中で「見える」対象を「可視化」する、あるいは「認識」をもたらすことに他ならない。**だからプロブレマティックの中で「見えない」対象は、そもそも「問えない」。

古典派経済学は剰余価値という生産物の価値部分の存在に気づいていた。また剰余価値がどのように生まれてくるかも多少は説明していた。剰余価値は、資本家が等価部分を支払うことなしに自分のものとする労働生産物から出てくるということは分かっていた。しかしそれ以上進まなかった。その結果、剰余価値という概念を生み出せなかったのである。古典派経済学は問いのない答えを生産してしまったわけである。みずからの問いに見合わない答えを、別の問いに対する答えを生産してしまったのだ。なぜなら、古典派経済学は剰余価値という解答を導きだせるプロブレマティックの中にいなかったからである。

逆にマルクスは古典派経済学が見ることができなかった対象を見ていた。古典派経済学とは別の問いを立てていた。別の地盤、別のプロブレマティックで思考していたのである。だから剰余価値を「発見」できたのである。

アルチュセールはその他にも、マルクス自身が行った「労働の価値」に対する徴候的読解を示す。古典派経済学は「労働の価値とは何か」と問う。答えは「労働の維持と再生産に必要な生計財の価値に等しい」。一種の座り心地の悪さ、調和を欠いた答えが生じてしまった。労働とは機能であり、維持され再生産されるのは、本来機能させるものである。ここですでに何かが誘発されているのだ。そこでマルクスはこれを正した。「労働力の価値は、労働力の維持と再生産に必要な生計財の価値に等しい」。すると問いも変わる。「労働力の価値とは何か」。

結局、古典派経済学には「労働力」という概念がなかったのである。彼らのプロブレマティックにはその概念は存在しなかったのだ。それまで「労働」とは、ヘーゲルが言うように、まさに人間の本質であり、あるいはプロテスタントが言うように神の召命であるがゆえに崇高なものであり、または「労苦」である。「労働」は分厚いイデオロギーの層に覆われて存在してきた。マルクスは科学的な視点からこのような「労働のイデオロギー」を剝ぎ取ったのである。別のプロブレマティックの上で思考していたのである。マルクスが置かれていたプロブレマティックが彼に認識論的洞察力を与えたのである。では、マルクスが置かれていたプロブレマティックとは何か。

「これまでの人類の歴史は階級闘争の歴史である」。これはマルクス主義の歴史認識の第一のテーゼであり、**「階級闘争」**こそ、歴史を動かす原動力であり、マルクスの理論における生命線である。

一般的には、階級闘争とはプロレタリアートのブルジョアジーに対する闘争を意味するが、アルチュセールは、ブルジョアジーもまたプロレタリアートたちに対して階級闘争を行っていると言う。現状を永続させるべく様々な策を日々講じ続けなければ、彼らの支配体制は崩壊する。そのためにまず必要になるのが、自分たちが抑圧・搾取しているプロレタリアートが現状に耐えきれなくなり、自分たちに反抗してこないようにすることである。場合によっては、それが体制をひっくり返すことになりかねない。それゆえ、プロレタリアートたちをつねに監視し、抑圧し続けなければならない。これがブルジョアジーのプロレタリアートに対する階級闘争である。そのさい、前もって抑制する手段がある。階級闘争(もしくは階級)という概念を消去すること、あるいはそれを可視化させないことである。社会が一つの均一な全体として成立し、平等な社会が保たれており、「階級」なり分断は存在しないとプロレタリアートたちに思い込ませることである。

それに一役買ったのが古典派経済学である。現実には階級闘争は古典派経済学の前で展開されていたはずだ。しかし古典派経済学はそれについて問わない、というよりも問えない。彼らが置かれていたプロブレマティックからは「階級闘争」はそもそも見えないからだ。だが、そのことが結果的には現状を維持すること、つまりブルジョアジーたちに奉仕することになる。だから、古典派経済学はつねにすでに「俗流的」なのだ。そのために剰余価値を発見できなかった。

それに対してマルクスは剰余価値を、つまり「搾取」があることを「発見」した。「階級闘争」が見えるところで思考していたからである。搾取をめぐって展開される階級闘争を問題にしないかぎり剰余価値は問題にならない。古典派経済学とマルクスの差異はすでに問いの水準で生じているのである。

こうしたことをマルクスに可能にさせたのが、「立場」の変更である。マルクスはそれまで自分が属していたブルジョアジー的なイデオロギー空間からプロレタリアートの陣営へと身の置き場所を換えたのである。マルクス自身も言っているように、マルクスの理論などプロレタリアートは即座に理解することができる。なぜならそこで述べられているこ
とは、彼らが日常的に経験していること、すなわち階級的搾取に関することだからである。この立場の変更によってマルクスは認識論的切断を行うことができた。つまり先行する科学である古典派経済学を、それが基盤にし、そこから問いを発し、思考し、答えを導き出すプロブレマティックを、イデオロギーを徹底的に批判する認識論的切断を行ったのである。新しい科学の創設の条件は、当初自分が所属したイデオロギーを徹底的に批判することである。それによって問わなければならない対象の周りにまとわりついたイデオロギーの外皮が剝がれ落ち「対象そのもの」が鮮明化する。この「批判」の実践がマルクスを新たな科学の創設へと導いたのだ。「読む」という一見何気ない行為の中で、マルクスはそれを行ったのである。

アルチュセールはこうした姿勢をラカンから学んだと言う。同時代に生きるラカンは、まさに「模範的読解」を私たち示している、と。ラカンの理論活動の中核は「フロイトへの回帰」である。これによってフロイトの革新性をよみがえらせることである。これに倣い、アルチュセールはマルクスの革新性、理論革命を今一度白日の下に置こうとしたのだ。「マルクスへの回帰」を行うことによってである。

こうした読解方法は、おそらく正統派（教条的）マルクス主義に対する強烈な批判となったことだろう。ソ連に代表される正統派は、まさに正統派であるゆえに、異端を排除・抑圧する。スターリニズムはこれを根拠にして現実政治を行い、人々を恐怖の中へと叩き込んだ。テクストはつねに一義的な意味しか持たず、それを正しく理解することが、正しい共産主義者の姿であり、できない者は共産主義国家に対する反逆者であると規定される。

しかし、アルチュセールの読解方法はこれとは異なる。テクストの字面だけを読んでいてはならない、その背後に潜んでいる可能性、潜勢力を読み取るのだ。ある種の「自由性」、これをアルチュセールはマルクス読解の領野に持ち込んだのだ。

国家のイデオロギー諸装置

これまで見てきたように、**アルチュセールの理論活動の中軸には「イデオロギーをのりこえる」というテーマがある。**革命を成し遂げるためには、現状に甘んじる私たちの観念を刷新しなければならないからだ。

イデオロギーはマルクス主義においてはとるに足らないものとして軽んじられる傾向があった。なぜなら、社会を形成している基盤は下部構造、すなわち人々の具体的な生産活動であり、イデオロギーはその反映物、副次的なものに過ぎないからだ。それゆえ、社会変革を標榜するなら、下部構造を変革することが先決であり、それによって歴史も進展するはずだ、と。

これに対して、アルチュセールは「経済的なものの最終審級における決定」というマルクス主義の教義を受け入れつつも、しかしイデオロギーの重要性を強調した。イデオロギーは、宗教、学問、思想、法等、私たちの観念全般であるとともに、国家も含まれる。この国家をめぐる議論もマルクス主義では手薄な印象をぬぐいきれなかった。国家論も射程に入れながら、イデオロギーについて語ろうとしたのが、国家のイデオロギー装置論である。

▼法と抑圧装置

社会とは何か。そもそも社会が存続するためには社会秩序が維持されなければならない。そこで必要になるのが法である。しかし当たり前のことだが、法は遵守されなければ機能しない。そのためには法が侵される危険性をできるかぎり減少させることである。そのためには、人々に法を強制し、法を侵した者には刑法に従って懲罰を与えることである。国家の名の下で、警察、裁判所、刑務所という懲罰システムによって法の遵守は確保される。こうしたものを**「国家の抑圧装置」**といい、法が法として機能するためにはこれが必要となる。これはまさに古典的なマルクス＝レーニン主義の国家論である。国家とは何よりもまず抑圧（暴力）装置なのである。

見誤ってはならないのは、国家における社会秩序は国家のための秩序であり、何よりも支配階級のための秩序であるということだ。これを最終的に保証するのが国家の抑圧装置である。たしかに階級は法的な意味では国家の所有者として見なすことができない。だが、支配階級は社会秩序の確保に必要となる抑圧装置を掌握することで、社会秩序を意のままにすることができる。このような意味で、国家は支配階級のものであると言えるのだ。

たしかに、私たちは日常生活では国家を意識することはほとんどないだろう。しかし、ひとたび反社会的・逸脱的な行為に出れば、国家の抑圧装置は猛烈な勢いで眼前に出現し、圧倒的な力で私たちを抑圧し拘束する。その抑圧装置の相貌こそ、国家そのものなのである。合法性をまといながら、人々を暴力的に押し潰すことができるもの、それが国家である。

ところで、法は何を言っているのか？　私たちはみな自由で平等であり、それと同時に一定の義務を負わなければならないということである。だが、法は法の内部で自由と平等を保証することしかできない。しかし、私たちは法が何と言おうと、人間は元来自由で平等な存在だと信じている。こうした思い込みを**「法的イデオロギー」**と言う。法はこの法的イデオロギーを法的に保証するだけである。

では、義務はどうか。私たちは義務を負わなければ罰せられると思いながら義務を負うことなどほとんどない、つまり抑圧装置を意識することはほぼない。日常の法の遵守においては抑圧装置の出番はそれほどない。端的に「法は法であるがゆえに、守らなければならない」という観念が私たちに法を遵守させている場合が多い。アルチュセールはこの観念を**「道徳的イデオロギー」**と呼ぶ。法は、多くの場合この道徳的イデオロギーに補足されることで機能する。

このように、国家は抑圧装置のみでは存続できないのである。可能ではあるが、きわめて効率が悪い。そもそも抑圧ばかりが横行すれば、とりわけ自由と平等を謳うブルジョア社会においては矛盾をきたす。ここにおいて、それまでマルクス主義の領域では等閑に付されてきたイデオロギーの問題が前景にせり出してくる。とりわけ国家について考察するとき、イデオロギーの問題は重要なものとなる。

▼国家のイデオロギー装置

社会が維持されるためには日々生産が続けられなければならない。生産の維持は、生産するための条件が日々更新されることを必要とする。その諸条件とは生産力と生産関係であり、これを再生産し続けなければ社会の存続はありえない。

では、こうした生産諸条件はどのようにして再生産されるのか。そもそも労働者が生産に従事する能力を持っていなければ、生産は不可能である。その能力とは、読み・書き・計算から始まり、その場に応じた理解力と解決力であり、さらには一定の生産関係の中で人間関係を円滑に進める能力も必要となろう。各人にこうした能力を習得させる場が学校である。学校で一定の学業を修めれば、労働者は一定の生産能力を備えた労働力商品として企業の中で生産活動に従事することが可能となる。学校を代表とするものが「**国家のイデオロギー諸装置**」である。国家のイデオロギー諸装置の存在なくして、社会の未来はない。**国家のイデオロギー諸装置は、宗教装置・学校装置・法装置・政治装置・組合装置・情報装置・文化装置等と多岐に渡る。**それぞれのイデオロギー装置は、その構成員たちに自らのイデオロギーを注入し、イデオロギーを担う主体にすることを目指す。

国家のイデオロギー装置とは具体的には、学校、教会、マスメディア、家族、政党、労働組合等である。その各々は独自に存在し、関係がないように見える。しかし実は、支配的イデオロギー、つまり支配階級のイデオロギーによって統一され、支配されている。現代ならば、さしずめ新自由主義、あるいは経済主義（経済的人間）であろう。

新自由主義は近年世界を席巻してきたイデオロギーであり、今や地球上の表面すべてを覆い尽くしている。それはその名の通り、各人の「自由」を至上のものとするイデオロギーであるが、しかしそれが唱える「自由」はまずは経済活動の「自由」であり、むしろ経済活動の「自由」が保証されるほど経済が成長するという考えである。そして、経済活動の根幹は私的所有と市場であり、この二つを不可侵のものとし、私的所有を保証し、市場にすべてを任せれば、私たちの生活全般もよくなるとするイデオロギーである。たしかにこういう考えは現代でもほぼ常識と化している（常識とは、疑う余地を残さない物事の考え方だが、イデオロギーの特質をよく表わしたものである）。だが、その結果私たちも目の前に現れたのは、格差社会という不平等社会である。

なにしろこのイデオロギーの下では「自由はすべての人に与えられているはず」とされているから、貧困に陥った人は、「与えられている自由を行使し、努力しなかった結果だ」と言われて終わりである。逆に裕福な者は「努力した結果」と称賛される。すべては「自己責任」という言葉で片づけられる。しかし、現代の格差社会は単に個人の努力の結果だけから生み出されたものでは決してない。もともと私的所有物を多く持つ者（たとえば、金持ちや大企業など）は多く持つ状態から、そうでない者はそうでない状態からの不公正なスタートからはじめられているからだ。その結果、強者はますます強くなり、弱者はますます弱くなるという事態である。

さらに新自由主義を唱える国家は、各人の自由を保障する、市場原理を尊重すると言いながら、それとは裏腹に国際的な経済活動に介入していくことを辞さない。自国に有利な事態であれば、「自由経済が大切だ」と言い、不利になりそうな気配がすると、「野放図な経済活動は許さない」と言いながら、ときに軍事力を使い他国に介入していくのだ。

こんな矛盾だらけのイデオロギーなのだが、実際には現代の支配階級である資本家たちのために、政党の区別なくどの政治家たちも新自由主義的政策を次々に推進し、マスメディアもこうした趨勢に無批判的に乗っかり、当然のように喧伝する。大学においても、そこで教え学ばれるものは新自由主義を基礎とした経済主義的なイデオロギーであり、このイデオロギーの信奉者を生み出し続ける。大学は「就職に有利になる」を売りにして入学者を募り、学生もそれを求め大学に入るから、いたしかたない。そこに家族も加わり、就活というイベントを基軸にしながら、若者たちを新自由主義的経済主義へと駆り立てていく。家族は歴史的につねに学校（あるいは教会）と手を携え、子どもたちを社会を担う主体として製造してきた。

学校というイデオロギー装置は幼稚園から始まり、各種イデオロギー装置と結託して、学生たちに生産力を身につけるための「ノウハウ」と同時に、「人間は生来自由で平等である」という支配的イデオロギーをも注入する。「あなたは自由で平等なのだから、身につけたノウハウを生産現場で生かすことで自由と平等を謳歌しなさい！」と。

学校で「教育」されるのは知識だけではない。人間関係の営み方もそこに組み込まれ、これが後の労働現場における生産関係の土台となる。資本主義的な生産諸関係は搾取関係であり、この関係に入ることは、みずからを搾取の担い手、あるいは搾取される当事者にすることである。この関係は支配階級にとってはなくてはならないものであり、この関係を担う主体となることは、結果として支配階級に奉仕する主体となることである。この関係の土台が学校において形成されるのであるが、教師も親も、自分たちの子どもたちを特定の人々の隷属者にしようなどとは思っていない。学校は「中立的」であるはずなのだ。教師たちは職業的「良心」に従って日々教育活動を行うが、しかし結果としては生徒たちを搾取関係の中への導くことになる。

「学校は中立的で、有用である」というイデオロギーのため見えにくいが、資本主義社会における学校というイデオロギー装置が最終的に目指すのは、生産関係の再生産である。

▼抑圧装置とイデオロギー諸装置の相互補完関係

このように国家装置にはイデオロギー的なものと抑圧的なものという二種類があり、どちらか一方が欠けても社会は維持されない。どちらの装置であるかは、どちらの機能が優勢であるかで決まる。だが、ときにイデオロギー諸装置も暴力的に、抑圧装置もイデオロギー的に機能することもまた見失ってはならない。学校であれば、試験という形での抑圧は欠かせず、むしろ学校は選抜と排除の抑圧装置そのものである。さらには体罰という暴力はときとして用いられてきた調教手段である。他方、抑圧装置（警察や軍隊）も、内部の構成員に対するイデオロギー的洗脳は必須のものとしてある。

たしかに多くの場合、学校、情報機関（新聞社、放送局、出版社等々）のイデオロギー諸装置は国家の所有物ではない。しかし、国家のイデオロギー諸装置が機能不全に陥り、支配階級のために順調に動かなくなるときなどには、抑圧装置がイデオロギー諸装置に直接介入するのである。たとえば学校への警察の直接介入、あるいは出版物に対する検閲や抑圧的な法制度の確立、放送局に対しても国家が直接介入するときもあれば、学校のすべてはそもそも文部科学省（国家！）の支配下に置かれ、本来の自由を剝奪されている。イデオロギー諸装置は抑圧装置によって制御され、支配されているのだ。国家が、国家の抑圧装置を意のままに操る支配階級のものであり、そして各イデオロギー装置が国家の抑圧装置に制御され、従属しなければならないような状況に置かれているのならば、各種のイデオロギー装置の所有権が法的には支配階級に属さなくとも、支配階級のものであると言える。さらには各種のイデオロギー装置が、支配的イデオロギー、すなわち支配階級のイデオロギー、国家のイデオロギーを担うことを強いられ、またみずからも進んで担おうとするならば、それらは国家のもの、国家のイデオロギー諸装置と言われざるを得ない。それゆえイデオロギー諸装置においては公私の区別は意味をなさない。

そして、こうした国家のイデオロギー諸装置の目的は、支配的イデオロギー（支配階級のイデオロギー）を担う主体を作り出すことであるから、たとえそれが私的なものであっても、国家のイデオロギー諸装置として完全に機能しうる。

国家のイデオロギー諸装置は、警察や裁判所や軍隊などの国家の抑圧装置に制御され、圧倒的な数と力で私たちを囲い込み、支配的イデオロギーを照射する。私たちはそれが押しつけられたものであると微塵にも思わず、自由な主体となって支配的イデオロギーの追従者になる。一見すると、国家のイデオロギー諸装置は実に強靭なものであるかのようだ。

しかし学校では、いじめ、学級崩壊、学力低下、教師による体罰、モンスターペアレンツ、セクハラ、アカハラ……。つねに様々な「問題」が発生し、たえることがない。マスコミもいつも時の体制に従順であるわけではない。学校とつねに手を携えてきた家庭も「問題」をはらみながら何とか存続してきているにすぎない。つねに国家のイデオロギー諸装置は軋みの音を立てているのだ。国家のイデオロギー諸装置はそれほど強靭ではない。

だからこそ、国家と支配階級はたえずイデオロギー諸装置に介入し続けるのだ。これは支配階級が日常的に行っている階級闘争の具体的実践の一つである。合法性を身にまといながら行われるので意識しにくいが、支配階級も、日々、絶え間なく、みずからの欲望を相手の階級に押しつけるという階級闘争を行っているのだ。その主たる戦場の一つがイデオロギー諸装置であり、そこで勝利し続けなければ、支配階級は権力の座に居座り続けられない。支配階級は国家のイデオロギー諸装置を舞台にした階級闘争で勝利し続けているからこそ、支配階級であり続けられるのだ。

たしかに本来イデオロギー諸装置は実にもろいものであるが、そうであるがゆえに、支配階級が圧倒的な力でそれらに介入し、支配しているのだ。だから、私たちの目には国家のイデオロギー諸装置はとてつもなく強固で頑強であるかのように見えてしまう。

とはいえ、イデオロギー諸装置がすべて支配階級のものではなく、この社会では法的にも理念的にも自由と私的所有が認められ保証されている。それゆえ、支配階級は国家のイデオロギー諸装置においては、抑圧装置におけるほどわがもの顔に振舞うことはできない。支配階級が押しつける支配的イデオロギーは民衆を支配するためのイデオロギーにすぎないのだから、それを強引に私たちに押しつけようとすると、矛盾が噴出する可能性がある。そのとき階級関係が顕在化する、つまり社会は平等ではないことが白日の下にさらされる。これが支配階級が恐れていることである。階級間の敵対性があらわになり、階級闘争が出現することである。したがって、支配階級にとって必要になるのが、実際には存在する、社会の階級構造を隠蔽することである。そこで必要になるのが、「平等」というイデオロギーであり、それを振り撒き民衆に植えつけることを担うのが国家のイデオロギー諸装置である。支配階級がそこでヘゲモニーを失えば、みずからの支配を根底で支える自由と平等の幻想が人々の中で消失してしまうことになる。そのようなことがないように支配階級は全力を挙げて国家のイデオロギー諸装置を（自分たちのために）守り抜く。

それゆえ、問題はイデオロギー諸装置のヘゲモニーをどの階級が握るかである。その結果によって国家の支配者が決まる。まさに、国家のイデオロギー諸装置は苛烈な階級闘争の場であり得るのだ。

▼重層的決定

ソ連は唯物史観を原則にした社会主義経済のもと生産活動を続けてきたが、自分たちが理想とする社会や人間を作り出すことに成功したとは言い難い。実際、ソ連社会は強制収容所のような様相を呈し、社会主義的人間としてふさわしくない言動をした者たちがいないか互いに監視・密告させ、見つけ次第次々に粛清というような恐怖政治によってかろうじて社会主義社会を続けてきたにすぎない。

あるいは史的唯物論の教えでは、労働者たちが窮乏化すれば、労働者たちは体制を打倒するために「自然に」立ち上がり、体制が打倒され、革命が達成されるはずであるが、現実的には革命が達成されるどころか、肝心の労働者の決起が、ない。どんなに社会がおかしな状態になっても、自分たちが理不尽な状況に追い込まれても、労働者たちが現状を変えるべく立ち上がることはない。これをどう考えればいいのか。

アルチュセールは**「最終審級における下部構造の決定」（最終的には経済的なものによって決定されるという意味）**というマルクス主義の教義は受け入れつつも、「最終審級という孤独の鐘が鳴ることは決してない」とも言う。つまり、社会全体は下部構造によって規定されるが、しかしそれを単純な形で認識するのは不可能であるということなのだ。そのときアルチュセールは「重層的決定」という、フロイトから借用した概念を示す。社会や歴史は人々の意図や意志によって規定されるのではなく、具体的な生産活動によって規定されるかもしれないが、一つの社会はその時代や状況によって様々な要素を持っており、それが複雑に関係し合い、絡み合いながら構成されており、こと変革を目指すのなら、一つの社会の「具体的状況の具体的分析」（レーニン）を行わなければならない。このことを「重層的決定」という概念に込めたのである。

イデオロギーも社会を構成する重要な要素としてあり、その具体的あり方も、それぞれの社会ごとに異なる。イデオロギーは下部構造に規定されながらも、逆に下部構造に影響を与えることもあり得る。イデオロギーなどの上部構造は下部構造に対して相対的に自立している、こうアルチュセールは言うのである。

「人類の歴史は階級闘争の歴史である」、アルチュセールも、マルクス主義者ならばこれは決して忘れてはならない黄金律であると繰り返し唱える。しかし考えてみれば、階級闘争は政治、すなわち上部構造で展開されるものである。この階級闘争によって歴史が進展していくのなら、上部構造が下部構造に影響を与えるということではないか。

あるいは、現在のような高度資本主義においては、経済活動によって生産されるものが情報やサービスなどが主たるものとなり、労働分布も第三次産業が多くを占める状況では、生産活動そのものが上部構造と入り組んだ形になり、下部と上部を区切ることは困難である。あるいは本質的に考えてみれば、「経済なるもの」とは何か、これ自体実に曖昧なものであるとき、イデオロギーの問題は重要度を増す。

▼イデオロギー

しかし、そもそもイデオロギーとは何なのか。アルチュセールはマルクスの言葉を引く。**「イデオロギーは歴史を持たない」**。歴史を持つ、すなわち歴史を動かすのは人々の具体的な生産活動であり、イデオロギーはそれの反映にすぎないのだから、歴史を持つとはいえない。しかしこのような否定的な捉え方に対して、**アルチュセールは肯定的な解釈をする。**アルチュセールはフロイトから着想を得ながら、イデオロギーをまるで「夢」のようなものであると考えることができるなら、夢はそもそも無意識に通じるものであり、そして無意識は永遠であるのだから、イデオロギーもまた永遠であると言えるだろう、と。つまり、「永遠」を歴史貫通的と解釈するなら、イデオロギーは歴史の広がりの中ではその形態が不変であるということである。要するに**イデオロギーはどの時代においても同一の形態を持つものだという意味で、歴史を持たないということである**（これに関しては、アルチュセールはフロイトを誤読しており、フロイトが無意識は永遠であると言うとき、無意識は過去・現在・未来という時間性の区別がないということである。しかし圧縮・置き換え・形象性への配慮・二次加工というような夢の無意識的欲望を形態と捉えるなら、アルチュセールの指摘は妥当する）。

さらにアルチュセールはこう言う。**「イデオロギーは諸個人が彼らの現実的諸条件に対して持つ想像的な関係の表象である」**。真に実在するのは人々が日々行う具体的な生産活動であり、これに対するいわば「虚偽意識」、「誤った意識」がイデオロギーであると言うのだ。伝統的に「想像的なもの」という言葉には、「騙すもの」という意味合いがある。しかし同時にアルチュセールは、「イデオロギーには外部はない」とも言う。あるイデオロギーの中にいる者は、自分がイデオロギー的存在などとは微塵にも思わない。イデオロギーは、その担い手にまったく疑念を抱かせない自明なもの、つまり「真理」であるのだ。だから、「虚偽意識」とも言えない。

この「想像的」という語は、ラカンの精神分析理論、とりわけ自我の性質と類似させてイデオロギーを着想している。ラカンの章で見たように、自我は想像的であるために、「内側に閉じる」傾向がある。イデオロギーも同様に「閉鎖性」を特徴とする。それゆえ、イデオロギーには外部がないという錯覚を生じさせるのだ。

さらにイデオロギーは精神的・観念的なものであると考える私たちに対し、アルチュセールはこう言う。「イデオロギーは物質的な存在を持つ」。ここに興味深いパスカルの例が持ち出される。

周りのみなが神を信じているのに、自分はどうしても信じられない、どうすれば神を信じられるようになれるのだろうかと尋ねてくる者がいたら、こんなふうにアドバイスしてやればよい。神など信じなくてもよい。何も考えずに、教会に行き、ひざまづき、唇を動かして、祈りの言葉を唱えなさい。そうすれば、あなたは神を信じるだろう、と。

神に対する信仰があるがゆえに神に祈ると誰もが考えるだろう。しかし実際はそうではない。イデオロギーはそのイデオロギーに沿った身体的行為を繰り返すことで宿るのである。だから、そのイデオロギーを確信していようといまいと関係がない。

あるいは、通りを歩いているとき、突然背後から警官に「おい、そこのお前！」と呼びかけられ、そちらを振り向く、これによって私たちは国家の主体になるのだ、と。もちろん、警官の呼びかけに応えることによって即座にその人が国家の主体になるわけではない。この振る舞いが習慣化されている者、国家の隷従者と同じ振る舞いができる者こそ国家の主体であるということなのだ。

つまり、イデオロギーは、行為にこそ現れ出て、宿るということである。そのイデオロギーを信じていようがいまいが関係ない。そのイデオロギーを課すイデオロギー装置の中でイデオロギーに沿った行為を繰り返す者は、イデオロギーを担う主体としてみなせるということである。イデオロギーは物質的な存在を持つとは、この事態を指す。

イデオロギーはどの時代でも同じ形態を持つと述べた。つまり宗教であろうが、哲学であろうが、どんなイデオロギーもイデオロギー一般の構造を共有している。

まず、イデオロギーそのもの、あるいはイデオロギーの中で絶対的存在と想定されているもの（たとえば宗教での神）を「大文字の主体（以下〈主体〉と記す）」が各個人にイデオロギーに従うことを「呼びかける」。各個人がその「呼びかけ」に応え、〈主体〉がその個人を「小文字の主体（以下、主体と記す）」であると承認することで、個人はイデオロギーの担い手、すなわち主体になる。そして主体同士がお互いに主体であることを承認し合う。

最後に主体たちが自分たちはそのイデオロギーの主体であることをみずから認め、そのイデオロギーにふさわしい行為を日常生活の中で繰り返す。これによってイデオロギーがそこに確立し、各人に住み着く。これがイデオロギー一般の構造である。

以上のようなアルチュセールのイデオロギー論は、それまでイデオロギーを軽んじてきたマルクス主義に新たな地平を切り拓くことになった。たしかにアルチュセールのイデオロギー論は、マルクス主義者以外の者たちにも影響を与え、マルクス主義にも再び生気を吹き込むことになった。だが、アルチュセールがイデオロギーについて説得的に語るほど、イデオロギーの強靭さばかりが目につき、私たちはいまあるイデオロギーからは離脱できないという思いを募らせる結果になってしまった。たしかにこのことが後にアルチュセールに対する批判として様々な論者たちから示されたが、しかしそれは同時に様々な可能性を宿しているとも言えるのであり、この可能性を発見することは現代に生きる私たちに残された課題である。

MICHEL
FOUCAULT

第6章

フーコー
私たちは何者なのか

なぜ権力関係は成立するのか。
そのためには、権力をそれぞれの主体の内部から働く力、
あるいは主体間に成立する力の場と認識することである。
そのとき、真理やそれを求める学問が権力関係を成立させる場で
重要な役割を果たしているかが見えてくるはずだ。

私たちは何者なのか？

人間とは、最近発明されたものにすぎず、しかしその終焉は間近である……とのフーコーの発言は、野放図に欲望を貪り、地球上のありとあらゆるものを消費、破壊し尽くした結果、とうとう自分たちが生存していくための環境そのものを失ってしまったとか、あるいは愚かで凄惨な行為だと分かりつつも戦争を繰り返し、地球を何十回も破壊し得る核兵器を開発してしまったとか、自業自得とでも言いうる所業の結果、人類の消滅は時間の問題なのだということを言おうとしているのではない。たしかにそういうことは言えそうだが、これは、私たちの「人間」という観念なり概念が間もなく終焉を迎えようとしているということである。しかも私たちの持っている「人間観」はつい最近発明されたものでしかなく、普遍的なものではないようだ。

しかし、よくよく考えてみれば、人間とは不思議な存在である。「人間とは何か？」などということを考えるのは人間しかいないからだ。言うまでもなく、「人間」とは「私たち」である。それゆえ人間とは、自分のことを考える存在である。しかも、それをする地球上で唯一の存在である。あるいは、人によっては「自分とは何者か？」ということが結構深刻な問題であったりするかもしれない。直接この問いを掲げなくても、「人はなぜ生きるのか?」とか「人生の目的とは何か?」という疑問は誰でも一度は抱いたことはあるだろう。そのとき往々にして行き着く答えは、やはり私は人間なのだから、「人間らしく生きることである」というものである。でも、そう言ってみたところで、「では、人間とは何か?」が分からなければ、何も答えたことにはならない。だから、やはり「人間とは何か?」という問題なのである。

人間たちは自分たち人間とは何かを問い続けてきた。そこで有力な説としてあり続けてきたのが、理性的存在者である。真と偽、あるいは正と不正を見極め、真あるいは正を選択することができる存在である。ところが、これはどうも怪しい「人間観」であることは、人間たち自身が証明してしまった。私たちは、つねに正しい認識や判断ができているとは言いがたいからだ。たとえば、環境破壊（その最たるものが原発事故である）や、戦争を繰り返すことは、どう考えても「正しい認識」ができているとは言いにくい。

では、あらためて問う。人間とは何か。私たちとは何者か。

フーコーも問うた。幸せで快適な生活を追い求めながらも、みずからをみずからの手で窮地に追い込んでしまう私たちとは、何者なのか。自分だけではなくときに他者のこともおもんばかったり、人によっては滅私奉公的に他人に尽くしたりすることもあると思いきや、それと裏腹に容赦なく他者を抹殺することも厭わないときもある、そんな私たちとは何者なのか。様々な矛盾を抱えながらも、しかしこれまで生存してきた私たちとはいったい何なのか。

このような人間を考えるにあたって、フーコーはまずは人間の心について知ろうと考えた。なぜなら、古来人間の本質は心であるとされてきたからであろう。

心理学と精神医学の「疑似科学性」

パリ高等師範学校で哲学と心理学の学位を修めた後、フーコーは、心を対象にする学問である心理学の道に進み、サンタンヌ精神病院で研修を行う。そのときの経験がフーコーのその後を決定づけた。

まずフーコーを捕らえたのは、心理学や精神医学の「科学性」の問題である。病院で患者の治療で用いられる心理学や精神医学は科学であらなければならず、そうであるはずだとされている。病気の治療のためなのだからということで、患者の日常生活を一旦停止させ、入院によって社会から隔離し、その後の人生を決定しかねない処置をするといったような、患者の基本的人権を奪うことを正当化するためには、治療の合理性を説明する「客観性」が必要になる。したがって、心理学や精神医学は「科学」であらなければならず、それによってまた病院の存在も正当化される。これを確保するためになされたのが、心理学や精神医学を、物理的な身体を対象とする他の医学を模範にしながら、これと同等なものとしていくことである。つまり、精神の病を器質的な疾患とみなし、治療していくのだ。

しかし、これには無理があるとフーコーは考えた。そもそも精神の病のすべてが、器質的な疾患に原因するとはかぎらないからだ。だが、とりわけ心理学などは、それが人間固有の心を対象にしているにもかかわらず、人間を生物の一種と捉え、他の動物の観察や実験の結果の延長に人間の心を捉えようとする。しかし、誰でも知っているように、仮に他の動物に心があったとしても、それと人間の心は異なったあり方をするだろう。例をあげればきりがないが、恋人にふられて落ち込んだり、美しい音楽にうっとりしたり、他人を妬んだり、身体に良くないと分かりながらもタバコや酒（人によっては麻薬）をやめられなかったり、ダイエットをし、ことさら以上に健康に気づかうような動物は人間以外にはいないといったように、人間の行動様式と動物のそれとはずいぶん違うはずである。にもかかわらず、心理学や精神医学は「科学」だと自称するために、生物学や生理学を模範とし、これと同じような考え方と概念を心の問題に適用しようとする。ここに無理がある以上に、危険なものはないだろうか。こうした「疑似科学」の下で他者に何らかの影響を及ぼし、これが一定の拘束力を帯び、実際に病院という閉鎖的な施設の中で機能するとき、何らかの「権力」が発動されているのではないか。こうした疑問がフーコーを襲った。

さらなる問題は、そもそも精神の「病」とは何かということである。身体の病も精神の病もともに何らかの苦痛をともないながら日常生活に支障をきたすものである。医学はこれを治療し、症状を引き起こす原因を取り除き、もとの社会生活に患者を復帰させることを目的にする。病の「治癒」は、身体の病なら、患者の身体に日常生活を送れるような機能を回復させること、つまり「健康」を取り戻させることであるが、では精神の病ではどのような状態を「治癒」と言うのか。精神の「健康」とは何を指すのか。その基準はどのようなものなのか。もちろんそれは、現にある社会の中での人間関係を円滑に送ることができるというものである。しかし、社会の中での人間関係を円滑に送るとはどういうことであり、何をもって「正常」な人間関係というのか。他者と衝突したり、他者を傷つけたりせず、自分も悩んだり、傷ついたりしない関係のことだろう。だが、そのような厄介事は「健康」だと言われている人間たちの世界においても普通にあることだし、そこに「正常性」の基準を設けるのは至難の業である。

しかし、実際に精神医学や心理学は「病」を治療するための基準を設定し、それに合わせて「治癒」をもたらそうとする。人間における「正常性」など現実にはきわめて曖昧であるにもかかわらず、精神医学と心理学は「科学」と自称し、「科学」であるがゆえに客観的な基準を、真理を持っていることを自負し、それを人間たちに当てはめていくのだ。

そこで前提になっているのが、多数者によって営まれる社会が「正常」な世界であり、そこから逸脱した少数者、すなわち精神の「病」におかされている者たちは「異常」という区別（＝差別）である。単なる多数決のような思考にすぎないが、しかしこれによって少数者は社会の外（精神病院）へと隔離され、排除される。これに正当性を与えるのが、「科学」を自称する精神医学と心理学である。それらが有している「正常性」とは、まさに「人間性」における「正常性」であり、それは人間が元来持っている「本質」と合致すると考えられたものである。人間の「本質」とは、人間が本来持っている「自然」であり、これを表現することが人間の生の「目的」である。こうした考え方を、しかし人類は古代ギリシアの時代からが延々と持ち続けてきた。これを受け継ぐのが心理学と精神医学である。

だが、心理学や精神医学が主張する人間の「本質」が本当に正しいのか以前に、人間の「本質」など本当にあるのか。問題なのは **「本質」が主張されるときには必ず「非本質」的なものが語られ、それを基準にした「正常」が主張されるときには必ず「異常」が語られるだけではなく、「非本質」と「異常」はつねに排除・抑圧されるということである。**

そしてそもそもの問題、精神の「病」に罹った者は、「健全」な社会から逸脱した者であるとされるが、もしかすると「病んでいる」のは患者の方ではなく、社会の方かもしれない。「経済成長するために」ということで必要のないものを大量に生産し、廃棄し、その結果環境破壊する社会、「お金儲け」が得意な者が人間の理想とされ、これを基準にしてあくせく働いた挙句に過労死したり、競争にくたびれ果てノイローゼになる者が大量に出る社会、愚かなことだと分かっていても戦争を繰り返し、今でも世界のどこかで戦争が行われ、子どもたちをはじめ多くの無垢の民が無惨に殺されていく社会、原発事故が起こり現地の人々の生活と未来が奪われ、今でも多くの人たちが避難生活を強いられるだけでなく、放射線の影響によって今後自分の身体がどのように蝕まれていくか恐れながら暮らす若者たちがいるにもかかわらず、多くの国民がそれに無関心で、政治家たちはそれをいいことに性懲りもなく原発を再稼働しようとする社会……こんな社会が「正常」と言えるのだろうか。「病んでいる」のは、むしろ社会なのではないか。

フーコーは心理学と精神医学の世界から離れていく。哲学思想の世界に戻り、「そもそも狂気とは何なのか?」という問題にとりくむ道を選択する。

フーコーは同性愛者だった。フーコーは五十八歳で突然この世を去るのだが、当時はその死因がよくわからないところでの死だった。後にエイズ関連疾患であったことが判明するが、当時ではエイズウイルスはまだ発見されていなかったのである。エイズ関連疾患が世界で拡散していく当初、それは同性愛者の間で広がっていったのだ。

同性愛者は今でこそある程度認められ、それなりの市民権を得られているが、それは本当に最近のことである。とりわけフランスのようなカトリックの国では、同性愛者は差別の対象であった。代々医者を生業とする裕福な家庭に生まれ、エリートとして生きてきたフーコーだが、自分の生い立ちそのものが抑圧となって、自分の現実の性のあり方に深く悩み続けてきた。世の中から差別され、迫害されてきた同性愛者たちは、自分自身を自分自身で「よくない存在」として認めてしまう。しかしだからといって同性を愛情の対象として求めてしまう自己の欲望を抑えることはできない。葛藤の中でフーコーも苦悶した。魂の奥底から発せられるフーコーの叫びは問いかける。「なぜ、私はかくも苦しまなければならないのか！」。性的マイノリティが排除され、抑圧され、迫害されるこの世界のあり方とは何なのか。**人間の性における「正常」と「異常」はどのような基準によって区別されるのか。なぜ、あなたたちは私たちを差別し、抑圧するのか。だが、私もあなたたちとともに「私たち」の一人なのだ。フーコーの壮大で緻密な思想の根底にはこれがある。**一人の人間としての、社会から差別され続けてきた者の社会に対する問いかけである。

もう一つ忘れてはならないのは、フーコーの思索全体を貫いているキーワードだ。**「権力」**である。フーコーの思想そのものが権力論であると言ったら言いすぎだろうか。そう思われるほど、フーコーの権力論は魅力的なのだ。そこで主張されたことは、これまでの権力論を刷新し、現代社会における権力のあり方を見事に表現しているからだ。

狂気の歴史

「狂気とは何か？」という問題にとりくみ始めたフーコーは、狂気がどのように歴史的に扱われてきたか、いわば**『狂気の歴史』**について取り組んでいく。とはいえ、それは「狂気」が精神医学によって「精神の病」としてみなされていく近代の歴史に限定されたものである。言い換えれば、現代の私たちは「狂気」とは「精神の病」であると当然のように思い込んでいるが、この自明性が成立した歴史的条件を発掘するということである。

現代では「狂気」は「よくないもの」として差別・排除の対象となるが、古代では「狂人」はむしろ普通の人間では「見えないもの」を「見る」能力を持った者として肯定的に捉えられ、共同体の中で生きる場所をもっていた。こうした状態がルネサンス期まで維持されるが、ところが、近代の理性的認識が世界を制覇することで、狂気は否定的対象として捉えられるようになる。狂人は間違った認識をし、他者と社会的関係を結ぶことができない道徳的に誤った存在であるとされた、つまり狂気は非理性的なものとされたのである。

狂気が精神の病とされるようになったのは、古典主義時代の初期からだとフーコーは言う。古典主義時代とは一七世紀半ばから一九世紀初頭まで、フランスではルイ一四世の絶対王政の時代からフランス革命までの時代あたりである。この時期に狂気は非理性的なものとして社会から排除され、社会の外部で監禁されることになったのだ。

中世までヨーロッパには癩《らい》病者を収容する施設があふれていた。現代では「ハンセン病」と言われるこの病は業病として扱われていたが、他方では聖書にも出てくるように聖なる病であるともされていた。この両義性において癩病は狂気と重なる。癩病患者を社会から隔離し収容するための癩施設療院がフランスにおいては二千カ所以上存在した。

ところが、一七世紀になると癩病は急速に減少する。収容する者がいなくなった施設を有効に使うために最初は性病患者が収容されることになった。やがて性病患者は他の施療院に移されることになり、それに代わって収容されることになったのは「非理性の人々」である。監禁の時代の始まりである。

一六五八年、フランス国王は一般施療院の設立を命じる布告を発表する。パリだけでも、最初につくられた施療院に住民の一パーセントに相当する実に六千人の貧者が監禁された。それと同時に乞食に施しをすることも禁止された。貧者は「理性に反する者」とみなされたがゆえに、一般社会から隔離され、監禁されたのである。

こうした監禁施設は瞬く間にヨーロッパ中に広がった。なにゆえこのような現象が起こったのか。ヨーロッパの人々の間に何らかの「感受性」が形成されたからだとフーコーは考える。多くの人々の頭の中に、街の片隅で路上生活を送る浮浪者を自分たちの視野から消し去るために、排除し、監禁すべきだとする観念が生み出されたということである。

なぜ、このような感受性が形成されたのか。一つは経済的要因である。スペインが経済危機に陥ることで、賃金の低下、失業、貨幣価値の低落などが起こり、貧窮者対策が急務になった。最初この施設は「怠惰な生活をすごし、妥当な賃金で働こうとしない者」を監禁することを目的としていたが、やがて労働力が不足し、貧者の労働力が求められるようになると、貧者を監禁施設の中で働かせることで安上がりな労働力を確保することや失業者の暴動を抑制することができるのではないかと期待されたのである。

しかしこうした経済的要因よりも重要なのは、宗教改革による労働に対する考え方の変化である。プロテスタンティズムにおける職業召命観は、現世の職業は神から与えられたものであり、これに励むこと自体が信仰の証となり、救済へとつながると教える。これによって労働は神聖な行為となり、労働しないことは悪いことであり、働かないことで貧困に陥った者を救済するような慈善事業も罪悪だという感性が人々の中で生まれてくるようになった。貧者のための宗教として始まったキリスト教は、貧困を忌み嫌う宗教へと変貌を遂げ、それに応じて人々の労働に対する観念も変化するのである。

それゆえ働かない者は神に逆らう者、理性的判断ができない者とみなされ、怠惰は最悪の行為となる。それゆえ監禁された貧者たちの労働は倫理的な意味を帯びるようになり、貧者たちは施設の中で強制的に労働させられるようになる。その労働の経済的な収益性よりも、労働させること自体が目的となるのである。監禁施設の当初の目的は非理性の人々を社会から隔離することであったが、労働させること自体が自己目的となったのである。

監禁施設に収容される非理性のカテゴリーには雑多な人々が含まれていた。放蕩者、リベルタン、放浪癖のある父親、神を冒涜する者、親不孝者、娼婦、自殺願望者、錬金術師、無宗教者などが「狂人」として監禁されたのである。しかも当時形成された感受性の中では狂気と性病は同じ種類のものとみなされた。どちらも罪を負う者であるという点で共通した要素を持つとみなされたのである。性病、同性愛、放蕩など性の自由を享受していた者たちは「狂人」とみなされ、監禁される。**狂気を治癒することが、同時に「罪を罰する」という道徳的意味を持つようになり、医学と道徳との関係が錯綜したものになったのである。**こうした歴史的事実が、これ以降の精神医学のあり方に深く影を落とすことになる。道徳的な意志が理性と非理性＝狂気との間に線引きをし、「狂気とは何か？」を定義した。このことから精神医学の歴史は自由ではない。

では、非理性のカテゴリーと混同された本物の狂人はどうなったのか。見世物になったのである。革命までのフランスでは、パリ市民の日曜の娯楽は、ビセートルの施設まで行って重度の精神の病にある狂人を見物することだった。市民の好奇なまなざしにさらされている真の狂人は、もはや人間ではなく獣でしかないと考えられたがゆえに、市民たちは安心して眺められたのである。獣なのだから、もはやその治療は真剣に考えられなかった。人間ではないから、道徳的対象でもない。監禁施設は、道徳的に罪をとがめられる者たちと、獣であるがゆえにいかなる罪からも免れた狂人たちが混在した場所となっていた。

しかし市民社会の発展とともに新しい感受性が生まれる。工業産業が発展するに伴って労働力が不足し、貧者を監禁して利益を度外視して施設内で労働させておくことはあまりにも非経済であり、不合理である。さらに貧者たちを監禁施設に収容して養っていればコストもかかり、二重の意味で経済的な損失である。貧者たちを解放し、人手不足の労働現場に投入した方が経済的には理にかなっている。狂人たちの解放の条件は整った。そして実際に狂人たちは市民社会に解き放たれることになる。

ここでフーコーが紹介するのが、狂人を監禁施設から解放した伝説的人物であるピネルのエピソードである。「近代精神医学の創始者」と言われるピネルは革命直後、ビセートルの監禁施設に出向き、狂人たちを解放し、理性的存在者として取り扱うことを決定した。

すると、そこに革命政府の「不具者のクートン」が、反革命の容疑者がそこにいるのではないかと疑いを持って、人々に抱きかかえられながら訪れてくる。狂人たちに話しかけようとするクートンに対し狂人たちは罵詈雑言を浴びせかけ、まったく会話にならない。クートンはピネルに対して、どうしてこんなやつらを解放するのか、君も狂っているのかと詰問する。それに対してピネルは、これらの精神錯乱者たちは空気と自由を奪われているから治癒しにくいのだと答える。ピネルは狂人たちと、理性的に振る舞うならば解放するという約束をする。すると給仕人を殴り殺した「凶暴な」イギリス人中尉は、鎖を解かれた後二年間に渡り、施設の番人として立派に務めを果たし、自分を将軍だと思い込んでいる大酒呑みの兵士は、ピネルの召使として仕えることになる。彼らは解放後、このように「理性的な」振る舞いができるようになったという。

この逸話は「神話」でしかないことが今では明らかになっている。狂人たちは真の意味で治癒したのではなく、番人や召使として「正常性」を取り戻したにすぎない。つまり、狂人たちの精神は以前と何ら変わらない状態で放置されたまま、ピネルによって与えられた社会的役割を演じることができる以上の存在にはならなかったということである。ピネルが行なった「治療」とは、道徳的・社会的に認められた枠の中に狂人たちをはめ込み、そこに安定させることであったのだ。

そこでフーコーが想起するのは、彼が以前教鞭をとっていたスウェーデンでの経験である。「自由の国」と言われるスウェーデンではあからさまな抑圧はないにしても、つねに妙な抑圧感を内側から覚えさせられる状態におかれ、それは直接的な抑圧や制約に劣らない。この抑圧感はおそらくは監禁施設から解放された狂人たちにも共有されたものではないか。彼らの獲得した「自由」は、社会の中にあっても、自己の振る舞いと思考が他者から監視・点検され、そのまなざしは身体の奥深くまで貫かれ、目には見えぬ鎖で縛られた状態での「自由」でしかなかったのではないか。

狂人たちの中で蠢《うごめ》く情動は、社会と摩擦を生じさせ、衝突することもときにある。それゆえ、彼らは一般社会から排除され、隔離され、監禁される。彼らの存在は社会から否定され、抑圧を受けるのだ。彼らが再び社会に復帰するには「治療」によって「治癒」しなければならない。しかしその「治癒」とは、自己を捨て社会の道徳に服従し、社会からの拘束を受け入れることである。そのとき再び彼らの存在は否定され、抑えつけられる。

「近代精神医学の創始者」ピネルの「神話」は、まさに精神医学や心理学がどのような形で出発したかを物語る。それが精神医学や心理学の中で「神話」として語り継がれたのは、精神医学や心理学が狂人たちを「理性的存在者」へと変える力を持つと考えられてきたからである。鎖に縛られた狂人たちに自由をもたらすのが、精神医学と心理学である、と。

だが、「科学」を自称しながらも精神医学や心理学がやっていることは、狂気をみずからの支配のもとに置き、統御しながら、解放するものに他ならない。

狂気は近代までは医学の対象とはなっておらず、治療すべき「疾患」だとは考えられてこなかった。そのため犯罪者や性病患者といっしょに監禁施設に収容されてきた。しかし、精神医学という「科学」の誕生によって狂気は治療すべき疾患と認識されるようになる。いや、そうではない。狂気が「精神の病」と認識されることによってはじめて精神医学や心理学が可能になったのだ。狂人たちの魂は道徳の鎖に拘束し、そこに抑えつけるべきであり、「治癒」の方向性はそこにあるという形で考えられたとき、精神医学と心理学が可能になったのである。狂気がそのようなものとして姿を現わし、そのようなものとして「見える」ことによって精神医学と心理学は生み出されたのである。それゆえ、「狂気の歴史」は「精神医学・心理学の歴史」であるとも言えるのだ。狂気は心理学と精神医学の対象ではなく、その成立の条件であったのだ。

臨床医学の誕生

では、心理学や精神医学が模範とする医学はどのような形で成立してきたのだろうか。

医学という科学＝学問は、医師のまなざしに「見えるものと見えないもの」の関係が変化することによって誕生したとフーコーは言う。

近代以前の古典主義時代の医学は、病を植物のように分類する「種の医学」であり、それは様々な症状に基づいて、症状を引き起こす原因となっている疾病を特定しようとするものであった。医師は、症状を解釈することで、その背後に隠れている病の原因を探り出そうとする。この時代における医学の目的は治療することではなく、でき得るかぎり疾病の姿を正確に捉えることである。それゆえ、薬を早く投与することもはばかられた。症状が消え、病原がつきとめにくくなる恐れがあったからである。したがって、個人の症状も、ひいては個人もこの時代の医学においては問題とはならない。それは個別的・特殊なもの、すなわち偶然のものにすぎないからだ。偶然のものは、そもそも学問の対象にならない。

このような医学にとっては、病人のために病院等の施設を用意して、そこに収容することは望ましいことではない。一つの病気がその他の様々な病気と混ざり合ってしまい、本質を失いかねないからだ。それゆえ、病気を純粋な状態で保つことができる家庭に病人をとどめておくことがよいとされた。

しかしこうした医学はやがて消滅することになる。一八世紀末フランスでは流行病が猛威をふるい、貧者の生活をどのように保護するかという問題が生じることで、病人を閉鎖的な家庭に任せておくことはもはや不可能となり、国家が主体となって医学を組織していく必要が出てきた。医学が国家と結びついたのだ。

これにまつわるフランス革命後の象徴的な神話がある。「医師軍の神話」と「解放者としての医師の神話」である。前者の神話は、僧侶が魂を癒すように、医師は肉体を癒す、いわば「肉体の僧侶」というものである。しかも、医師の活動が国家の名の下で行われることによって、医師の務めは国家の神聖な任務であるとされる。これによって人々は僧侶と医師という聖職者によって国家に支配されることになる。そして後者の神話は、貧者たちの病は富者たちによって貧者が劣悪な状態に置かれていることに起因するのだから、医師は患者たちを治癒するために、この現状を明らかにし、奴隷状態に置かれている病者を救う任務を負っているというものである。

こうした神話が象徴するように、**国家にとって医学は治療の技術以上の意味を帯びようになっていた。医学は「健康な人間」という規範をも含むものとなったのである。**「健康な人間」とは単に病気をしないということだけではなく、「模範的な人間」をも意味し、それを決定するのが医師となる。個人は社会の中で「模範的に」振る舞うことができてはじめて「健康」と言われるのであり、個人と社会との関係を心身ともに指導することが医師の務めとなる。人間と社会のあり方が、医学における「正常」と「異常」の枠組みを通して判断されることになるのだ。これによってまた逆に、医学の「正常性」の中に道徳性の「正常性」が入り込み、重なることにもなる。**国家は、こうした規範を持つ医学の手を借りて、「正常性」を維持するために「異常」なものを見つけ出しては排除する。**

このような医学が、人間を対象にする科学の中で規範となる位置に立つことになった。それゆえ、医学を模範とするその他の科学はつねに「正常」と「異常」という二元的枠組みによって構成されることになったのである。

このような流れの中で、個人を対象にする医学、すなわち「臨床医学」が誕生するのだが、その誕生の条件としてもう一つ重要な要素がある。それは生物学が生物の解剖を通して誕生したように、死体の解剖という契機が臨床医学の誕生を誘発したのである。表面から肉体の奥深くにまなざしが穿たれることで科学としての生物学が誕生したように、臨床医学も誕生したのである。それは病を死という観点からまなざすことである。

それまでは死とは偶然訪れるものでしかないと考えられてきた。人は病に陥り、そして死ぬのである。しかし、死体の解剖によって、死とは生物固有のメカニズムの必然的な帰結であり、それゆえ、生と死はまったく別のものではなく、死は生命の中に最初から内蔵されており、それが次第に顕在化し、最後に生命そのものを破壊すると考えられるようになったのである。死に対するこのまなざしの変化が生を輪郭づけ、これによって臨床医学は誕生した。死体の解剖によって、身体の厚みの中へと注がれるまなざしが、これまで見えなかったものを見えるようにした。個々の多様性の中で死はどのように到来するかが問題となることによって、個人を対象にする医学、すなわち臨床医学が始まったのである。

〈人間〉の終焉

フーコーは、それまで行ってきた、心理学や臨床医学という個別の科学の成立の条件を探索する手法を使って、さらに他分野の科学の成立の条件を明らかにしようとする。ある特定の時代に次々と様々な科学が誕生するその秘密とは何かをつきとめようとしたのである。『言葉と物』と名付けられた著書の中でそれは試みられる。

そのようなフーコーの企てが実践される中で新たに示された概念が**「エピステーメー」**である。**これは、様々な学問の中の基盤となり、その学問を可能にする条件となっているものである。だが、エピステーメーはその学問自体には見えない、まさに空気のようなものである。空気がなければ人間は生存できないように、たとえ見えなくともエピステーメーなくして認識も学問を成り立たない。そして時代ごとのエピステーメーがあり、それが転換することで人々の認識が変わり、新たな学問が誕生する。**このエピステーメーの転換は、その時代の人々にとっては、「世界の崩壊」に匹敵するような意味を持つ。

古典主義時代において、いくつかの学問が産声をあげる。人間の生命、言語、労働に関わる学である。それらは近代に入ると、生物学、言語学、経済学に引き継がれることになる。この三つの学問の誕生によって、ある重要な概念が生み出される。〈人間〉である。もちろん人間はそれ以前から存在してきたし、何らかの形で認識されてきた。しかし、これらの学問によって定義されるような〈人間〉、さらに言うなら現代の私たちが思い浮かべる「人間」という概念イメージが生み出されたのは、一八世紀半ばになってからのことだったのだ。デカルトは、人間は神から与えられた理性の力を十分発揮すれば神の創造した世界を認識できるとしたし、スピノザも、物の秩序と観念の秩序は同じであるという物心並行論を唱えることで、人間は至高の立場、いわば「神の立場」を占めることができた。それ以前のエピステーメーの中では、現代の私たちが考えるような人間の姿を見出すことはできない。生命を持ち、労働し、語る〈人間〉、すなわち「有限な存在」である人間は「見えない」のであり、存在しないのである。

生物学、経済学、言語学の成立によって〈人間〉という概念が誕生したそのとき、これまでになかった学問＝科学も同時に生み出されたとフーコーは言う。それは人間を対象にする「人間科学（人文科学）」であり、心理学、社会学、文化史、思想史、科学史などである。

生物学が可能になった場にはじめて心理学の領域が開かれ、労働の科学、すなわち経済学が可能になった場に社会学の領域が開かれるのである。それゆえ人間科学は、生物学、経済学、言語学が存在するかぎりでしか存在できないものであって、学問＝科学として自立することは不可能であるという刻印をはじめから帯びているのだ。

しかし誕生したばかりの〈人間〉は間もなく終焉を迎えようとしているとフーコーは言う。二〇世紀に誕生した三つの学問――レヴィ＝ストロースの文化人類学、精神分析、そして構造主義的な言語学――の登場によって、〈人間〉の終焉は宣言されたのである。

レヴィ＝ストロースは未開社会の婚姻制度、親族関係における規則、財産贈与の規則、儀礼の規則等の調査を分析することで、その共同体の構成員を拘束しながらも当事者たちにはまったく認識されていない規則があることを発見した。とりわけ婚姻制度における規則は、一つの共同体が自閉することなく、外部の他の共同体との関係へと開いていく機能を持つ。レヴィ＝ストロースはこうしたことをソシュールの言語学などの構造主義的手法を駆使しながら分析、体系化した。問題なのは、こうした規則が当事者たちにはまったく意識されていない、すなわち無意識的なものとなっているということだ。当事者たちにはまったく意識されていないにもかかわらず、理論がそれを説明してしまうのである。

これはそれまでの近代哲学、とりわけ実存主義を主導してきたサルトルの主張を真っ向から批判することになる。それまでの哲学では、人間は世界の中心であった。「私」がまずあり、その後、「私」を中心にして世界が開かれるというのがデカルト哲学の出発点であり、基盤でもある。サルトルも西洋のこうした伝統的な世界観を引き継ぎ、人間が中心（主人）であるはずなのに、資本主義社会では人間は疎外されている、それゆえ革命によってこの事態を克服し、再び自己を取り戻すと主張した。

これに対しレヴィ＝ストロースは、人間は自己の所属する共同体の規則に従属するものにすぎず、「私」という存在もその意味も社会の構造によって生み出されるものにすぎないとした。状況を切り拓くためには、主体性をもって決断することが必要であるとのサルトルの訴えは、空しく響くばかりとなってしまった。世界の中心であった至高の存在である〈人間〉は失墜したのである。

こうしたこととの関連において確認しておかなければならないのは、『狂気の歴史』以来フーコーがとってきた方法論である。それは**「考古学」**という手法である。フーコーは心理学の成立の条件などを明らかにするために歴史をさかのぼっていくわけだが、この「歴史」というものをも批判の対象に据えながら、それを行っていくのである。

第二次世界大戦後、世界の知識人は、人類はどうしてあのような戦争を引き起こしてしまったのか、その理由をつきとめるために猛烈に思索した。フランスでもその思索は精力的に行われ、それは「歴史とは何か？」という問いに収斂した。そのときよりどころになったのが、マルクス主義である。「マルクス主義はわれわれにとってのりこえ不可能な思想である」といったサルトルも、このまま何もしないでいることは、資本主義と帝国主義の陣営に留まることであり、消極的ではあれ現状を肯定することを意味するのだから、そこから離脱し、変革のために決起することを決意しなければならない、それは資本主義を打倒するマルクス主義の陣営の一員になることであると主張した。マルクス主義の下でこそ、ヒューマニズム（人間主義）は花開くのだ、と。

当時、マルクス主義を代表し、それを実践していたのはソ連である。しかし、ソ連ではスターリンが君臨し、後に「スターリニズム」の蛮行が明らかとなり、社会主義国は全体主義国家の一つでしかなかったことを誰もが知るようになる。実在するマルクス主義の国家に対する憧れと失望が渦巻く中で、フーコーも歴史について思索していたのだ。実際、フーコーは一時期フランス共産党の党員でもあった。

スターリンに領導されたマルクス主義は言う。すべては歴史によって決定されるのであり、ありとあらゆるものは最終的に歴史的によって決済される。どう抗っても、歴史法則は必然的であるのだから、これに従うことが人間に残された唯一の道である。そして歴史は目的を持ち、その目的とは、もちろん、共産主義社会の建設である。この目標地点に到達することが唯一の「正しさ」であり、一人一人の人間の存在や行為の価値も、正しい歴史的進路に沿っているか否かで決定されるのだ。たとえ自分が歴史に奉仕しようと思い行為したとしても、それが結果的に歴史の進路に沿っておらず、さらには反することになろうものなら、正しくない。それゆえ断罪され、処刑されるのは当然である。

今から見れば、実に愚かしい考え方ではあるが、当時のソ連ではこうした考え方が「常識」となり、この歴史観＝倫理観が「真理」として人々に信奉されていたのである。共産党に刃向かったり、共産党から都合の悪い人間と見なされた者は裁判にかけられ、処刑されていたのである。いわゆる「スターリン裁判」における粛清である。スターリンを中心とした当時のソ連の有力者たちが、気に食わないやつを殺していたんだろと言えばその通りだと思うが、恐ろしいのは、自分は何も悪いことはしていない、むしろ歴史の大義とそれを体現する共産党を信じ、つねに忠実に従っていたと思っていた者が、突然国家によって逮捕され、「お前は反革命（革命に反して、歴史を逆行させる）である！」と言われると、当初は納得できなくとも、最終的には処刑を受け入れる、いやむしろ積極的に受け入れてしまうという実に奇妙な現象が実際に起こっていたことである。「私は歴史に忠実に生きようとしてきた。だが、それが実際には歴史の進歩を阻害するようなものであったなら、そして私の死が歴史の進歩に寄与するものであるなら、喜んで死刑を受け入れましょう」、と。実際には罪を犯していないにもかかわらず、罪を認め、進んで罰を受けてしまう！

こうした奇怪なことが実現してしまうのは、マルクス主義の歴史観が存在するからだ。しかし、これは私たちにとっても他人事ではない。当時のスターリニズムが持っていた歴史観の根底にあるものを私たちも共有しているからだ。それはヘーゲル主義である。私たちは、現代での歴史とは進歩するものだと素朴に考えている。これを哲学的に表現したのがヘーゲルである。ヘーゲルは、歴史とは進歩するものであり、目的を持っていると唱えた。この歴史観に影響を受けたのがマルクスであり、マルクスの歴史観をよりどころにしてスターリニズムは歴史を語り、それによって自己の正統性を主張していたのだ。

歴史は進歩し、目的を持つ、こうした考え方は私たちも持っているはずだ。しかし、そもそもこの歴史観は西洋にもともとあった考え方ではある。キリスト教がそうなのだ。歴史には終末があり、そこで最後の裁きが下されるという考え方である。スターリニズムもこれを基礎にして歴史を語り、裁きを下し、多くの者を抹殺してきた。フーコーが批判するのはここである。「歴史」を批判的に捉えるとき、フーコーが照準を合わせるのは、この歴史の目的性である。

もし、歴史には目的があり、それに向かって発展していくものであるなら、途切れることなく連続したものでなければならない。連続した歴史の流れの最終地点が目的の地点であり、それは現在かもしれないし未来かもしれないが、その目的の地点から歴史の全体が見渡すことができる。そして、その目的が、個人の目的、ひいては人類全体の目的で「ある」、さらには「あるべき」とされるような倫理的規範といつの間にか重ね合わされるとき、何らかの悲劇が生まれる。歴史は目的を持ち、それに向かって発展していく「はずだ」という願望が、「そうあるべきである」と倫理的規範と組み合わさったとき、単なる歴史観は人々の生き方と生存そのものを拘束するものとなる。それゆえ、この歴史の目的性を葬り去らなければならない。フーコーがしようとしたのはこれである。

フーコーがあることがらに関する歴史性を探求するとき「考古学」という手法を採用した。**どんなものでも、それが私たちの眼前にあるとき、その表面の背後には幾重もの歴史的蓄積を持っている。机も椅子も、服も、哲学も文学も政治も娯楽も、何でもそうだが、その時代ごとの捉えられ方や存在の仕方があり、それらが地層のように重なり、その地層の上層にある表面だけを現代の私たちは認識しているにすぎない。その蓄積の結果として現在があるのだ。**考古学は地層となって地中の中に埋もれた人々の生活様式などを発掘し、そこから現在を逆照射していくものであるなら、これを歴史探求の手法として採用しようとフーコーは考えたのである。

地層はその時代ごとの層をなし、重なっている。「層」という形で、その時代の固有性を表現している。前の時代とその後の時代というように、そこには区切りがある。地層は幾重もの層という断絶によって構成されているのだ。歴史とはそういうものである。ある時代にはあるエピステーメーがあり、その時代の人々はそれを基盤にし、それに従い思考し、そこである学問が成立する。次の時代には、先立つ時代のエピステーメーと切断された関係のない別のエピステーメーが成立し、人々はその下で思考し、新しい学問が誕生する。この不連続的連続が歴史なのである。

歴史に目的があるかどうかなど分からない。ただ時代ごとに様々な出来事があるだけである。だから、歴史を振り返るとき、目的を設定して、そこから見るようなことなどしない。**目的がないのだから、歴史は発展しているとも考えない。**ヘーゲル的＝キリスト教的歴史観と決別すること。「考古学」に込められたフーコーの考えとは、これである。

系譜学

しかし、それではなぜその時代の人々はその時代のエピステーメーの下でものを考え、認識してしまうのだろうか。言い換えるなら、どうして人は何らかの思想や考えを「真理」として受け取ってしまうのだろうか。もちろん「真理」とされるものは時代ごとに代わる。

とはいえ、「真理」とされるものが変わろうとも、人々が真理を求め、何かを真理として信じてしまうことは、時代が変ろうとも不変的に見られる現象である。ならば、どうして人々は真理を欲するのか。ここにフーコーは、ニーチェの系譜学を復権させる。

ニーチェは言った。普遍的な真理など存在しない、あるのは解釈だけだ。そして、その人にその解釈をさせる原動力になっているのは、その人の生存条件であり、「力への意志」なのだ。こうした考え方をフーコーは自己の思想の中に導入した。そこに真理があるのは、それを真理だと信じる者、真理だと「解釈」する者が存在するからである。それでは、なぜその人は真理だと信じるのか。**「誰が真理を語るのか」という「語る者」の分析なしでは、なぜ人々はその思想を真理として信仰するのかという問題を解くことはできない。**

哲学はものごとの本質をつかもうとし、本質こそが真理であるとしてきた。もちろん真理は普遍的であり、時代が変わろうとも不変的なものである。例えば、数学で示される真理である。「2+3」が「5」であることは真理であり、この真理は時代や地域が異なっても、誰にとっても、真理であり続ける。しかし、実際には何が真理とされるかは時代が変われば変わる。何が真理とされるかは、その時代固有の条件によって変化し、決定される。「2+3」が「5」であるのは、算数の約束事を共有した者だけが持ち得る「真理」でしかない。「真理」とされるものはみな、時代の特殊性に拘束され、歴史性を帯びている。だが、真理はそれを隠蔽する。真理は普遍的であり、絶対的なものとされているからだ。

系譜学は真理を絶対的なものとしない。ある思想が真理であるのは、それを真理であると語る者がおり、真理を語る者にはそれを真理として語るに足る生存条件があるからだ。もちろん生存条件は人それぞれ異なる。それゆえ、何を真理として信じるかもそれぞれ異なる。とすれば、複数の「真理」が存在するはずなのに、だが、その時代には大多数が信じるただ一つの支配的な真理が存在する。なぜか。それは、様々な競合・対立関係の中での闘争の結果である。その闘争において勝利した者が語る真理が、その時代、地域の支配的な真理として君臨することになるのだ。マルクスも「その時代の思想は支配階級の思想である」と述べているが、階級闘争の結果、勝利した者の思想や真理が、その時代に生きる多くの人々が信仰する思想、あるいは真理となる。真理は普遍的なものではない。

系譜学は、真理は中立的でも、普遍的でもないことを白日の下にさらす。伝統的な真理観を解体するのである。真理とは力のせめぎ合う場であり、このせめぎあいの中で勝利し、抜きん出た思想がその時代の支配的な真理となる。だから、その時代の支配者になるためには、真理の攻防戦で勝利しなければならない。真理そのものが階級闘争の場であり、その道具であるのだ。

それゆえ、**真理には歴史性が刻印されている。**マルクスは「人類の歴史は階級闘争の歴史である」と述べたが、真理にはこの階級闘争の歴史が刻み込まれているのだ。

　だから、真理はそれを語る主体とは無縁ではありえない。それゆえ、系譜学は真理を語る視点、立場を考察の対象にする。これを「パースペクティブ主義」という。真理を語る者の社会的・経済的立場、すなわち生存条件を考察しなければ、なぜ、これが真理として信じられてきたのかという問いに答えることはできない。系譜学を経由することで、真理に関する問いは、おのずと政治的問いとなるのだ。

　ニーチェは「真理とはそれなしではある種の生物が生存し得ない誤謬である」と語ったが、たしかにある時代のある地域の真理は、後の時代や他の地域の人々から見れば「誤った観念」と見えるかもしれない。しかし、真理は、その時代、その地域の人々にとっては、それ以外の仕方では考えることができないもの、疑いを一切抱かせないものである。それと同時に人間はどんな時代にあっても、それがたとえ外部から見れば誤謬であったとしても、真理を欲してしまう。真理なくして人間は生存できないのである。それゆえ、人々は全身全霊をかけて真理を語る。真理がみずからの生存を成り立たせているものであるからだ。**おのれの真理を同時代の真理として君臨させるために、様々な方法を用いて他者に対しそれを押しつけるだろう。そのとき、そこに権力関係が現れる。**この権力の問題を抜きにして、真理の問題は語れないだろう。

権力論の転換

フーコーは権力論の地平に未曽有の領野を切り拓いた。それまでの権力論では、権力とはそれを獲得した階級が独占するものであり、権力を独占する階級は他の階級を「抑圧」、「排除」「取り締まる」ものであり、権力を行使される側から見れば、外部からの「抑圧」「強制」などといったように考えられてきた。それに対しフーコーは、権力とはむしろそれぞれの主体の内部から働く力、あるいは主体間に成立する力の場と捉える。そのような権力観を持たないかぎり、現実に起こっている権力問題について説得力のある答えを見出すことができないのである。

たとえば、マルクス主義的な社会変革運動は、資本主義の下での階級関係という権力関係を解体し、搾取・抑圧される人々を解放し、平等な社会を築こうとしていたはずなのに、その社会自体が階級社会となってしまい、革命勢力は人々を抑圧・支配する機関に変貌し、そこに再び権力関係ができてしまうということは実際にあり得ることである。しかし、従来の権力論にしてみれば、これは「あり得ないこと」であり、「あってはならないこと」としか言いようがない。だが、これは実際にあり得るのである。もちろん、これを「あり得ないこと」とする従来の権力論では、このような事態がなぜ生じるかは説明できない。

フーコーはこうした事態についても論じたいのである。そのためには権力観を転換する必要がある。権力とはむしろ社会の中で普遍的に働く力であるとした上で、権力行使の微細な分析をしていくのだ。権力をこれまでのように階級間での「強制」「抑圧」「排除」という形で作用する力というレヴェルでのみ捉えるのではなく、男性と女性、教師と生徒、親と子供、上司と部下、といった日常の微細な人間関係の中で働いている力、私たちの生活の細部にまで張り巡らされた力のネットワークのようなものとして捉えることによって、現実に起こっている権力問題に肉迫することが可能となると考えたのである。

そこでフーコーの権力論が具体的な形で示された著作が『監獄の誕生』（原題は『監視と処罰――監獄の誕生』）である。

フーコーは、古典主義時代末、産業革命、伝染病の流行、鉄砲の普及、フリードリヒ大王によるプロイセンの軍事改革と軍事的な覇権などといったことが要因となって、人間の身体を対象にする権力の**「ミクロな身体学」**が誕生したと言う。人間をまずもって「身体を持った存在」として捉え、これをいかにして徴用するかが問題となったのだ。つまり、人間を「調教」するシステムを構築する必要性が社会全体に生じてきたのである。そこで、人間の身体を支配する**「政治解剖学」**が考案されるようになった。

たとえば戦争は、それまでは職業軍人が担い、軍隊は屈強さと優美さをあらかじめ備えた兵士たちのよって構成されていたが、一八世紀後半になると、徴募され、訓練させられた一般の庶民によって構成されることになった。**それまで普通の生活をしていた庶民は、身体を改造され、「調教」されることで、兵士へと変貌するのである。**

こうしたことは他の領域でも行われた。工場や病院、そして学校において、社会が求める、社会に適合した人間を製造するために微細な技術が開発されたのである。その技術には次のようなものがある。兵舎、工場、学校などといった閉鎖的な空間が設置され、この空間を活動や集団ごとに区切り、配分する、空間配置の技術。起床から就寝までの時間を細かく割り振り、設定する時間配置の技術。そして身体を部品のように分解し、再び組み立てることによって、身体を道具や機械や兵器とみなし、それらと一体化する、身体の部品化の技術。**兵舎や工場や学校においては、これらの技術を通して人間を調教し、服従する「従順な身体」を生産するのである。ここで狙いをつけられているのは、精神ではなく、身体である。身体を通して、体制に従順な主体を造り出すのである。**

だが、身体の調教は精神にまで及ばなければ意味がない。兵士でも労働者でも、ただ上からの命令に従って動くだけの「指示待ち人間」では、現場では役に立たない。自分の頭で考え、その場で的確な判断をし、動いてくれなければ、効率が悪い。必要なのは、今自分には何が求められ、何を行動しなければならないかを自発的に考え行動できる人間である。そのためには、身体から精神に、そして精神から身体に働きかけるシステムを主体の中に作り出すことである。それを可能にするために様々な手段がとられた。

代表的なものは、学校における「試験」である。試験とは、それを受ける者が一定の知的能力を持っているかどうかを確かめるものであるが、求められる知的能力があると認められた者は、資格を認められたり、何らかの等級を与えられ、社会的に評価されるだろう。逆に、ないと判定された者は、資格を得られず、劣っていると評価され、排除などの処罰が待っている。学校は試験を中心にして組織され、学生は試験のために勉強することを奨励され、良い結果を出せば評価され、次の学校なりの段階に移るために資格を与えられる。

学校で教えられる知識は、まさに「真理」として機能する。教師は真理を学生に語り、強制し、学生はその真理をどれだけ獲得しているかを試験によって試される。試験で高い評価を受けた学生は、教師からもたらされる真理を獲得している「従順な存在」とみなされ、評価され、自分より劣る他の学生たちに対し優越感を持つことができる。反対に、低い評価を受けた者は、教師の教えに忠実に従わなかった者、真理から遠い存在、それゆえ劣った存在とみなされ、抑圧され、排除される。教師は、真理を握った者として、学生すべての未来を左右する権限を持ち、学生たちを選別する権力を持つことになる。試験は、真理をめぐって学生たちを競わせ、それに近い者ほど、権力の恩恵に浴することができる制度であるのだ。**学校という装置は、真理と権力とがかぎりなく接近する場であり、この装置を通過することで、真理と権力の癒着の構造につき従う主体が形成される。学校という装置は、試験を通して、自発的に服従する主体を造り出すのだ。**

こうした学校における調教システムを建築学的に示したのが、監獄で用いられた、かの**「パノプティコン（一望監視装置）」**である。これは功利主義を提唱したベンサムが考案したシステムであり、監獄をはじめ、学校や工場や病院など様々な施設で用いられることになったものである。パノプティコンとは、監視塔を中心にして、その周りに円環状に建物を配置し、監視塔から周囲の建物の様子がすべて監視できるが、周りの建物からは監視塔がよく見えないようになっている装置である。

この建築システムの最も特徴的な点は、中央に配されている監視塔に監視する者がつねにいなくてもかまわないというところである。**監視されているかどうか分からないことが、つねに監視されているかもしれないという恐怖を生み出す。**そのことによって、監視されている者の心の中に、みずからを監視する自分を造り出すことができる。心の中でみずからを監視する者が存在する構造とは、まさに道徳（理性）的人間の心の構造である。

自分を監視する自分とは、フロイトの第二局所論で示された超自我に相当する。超自我という審級は、自我が邪《よこしま》な欲望を抱かないかをつねに監視し、抱いたときには批判し、ときに「罪悪感」という罰を与える。超自我は道徳的なものの源泉であり、道徳に従う理性的存在者にはこの超自我の審級があり、機能しているとフロイトは言う。反対に、犯罪をおかすような罪人は、道徳心がないから犯罪に手を染めるのであり、刑務所で、社会に復帰させるために「正常な人間」に矯正し、精神構造そのものを改造しなければならないと考えられている。パノプティコンという装置はそこで重要な働きをする。囚人たちの心の中に、道徳心の源泉となる超自我という審級を作り出し、機能させるのである。これによって社会に服従する主体を造り出すのである。

しかし、パノプティコンにおいても、狙いを定められているのは、まずは身体である。身体の表面に注がれるまなざしの可能性によって、人間の精神までもがからめとられ、支配され、服従する奴隷的主体が造られる。パノプティコンというシステムは、資本主義社会のモデルとなり、学校や兵舎、病院、工場など様々な施設で用いられることになった。それだけではなく、社会全体がパノプティコンと化した。

試験で良い点数を取ろうとする学生にように、自発的に命令に従い、しかも創意工夫しながら努力するが、なぜ自分は服従するのかなどということは一顧だにしない没主体的な奴隷的主体が大量に生産される。生産性と効率性を求める資本主義社会、あるいは近代戦争の勝利を目指す社会においては、必要な主体である。近代の「政治解剖学」はこのような基本原理を持つのだ。

現代社会で言えば、監視カメラである。私たちの生きる社会はどこに行っても監視カメラが設置してある。人々は「安全」と「安心」を求め、街中が監視カメラであふれることをむしろ歓迎する。しかし、監視カメラの仕組みはパノプティコンそのものである。監視する側からは私たちの様子がすべて見られるのに対し、私たちからは監視する側の方は何も見えない。私たちは、一般社会にいながら、すでに監獄の囚人たちと同じ状況におかれているのだ。にもかかわらず、この状況に対し異議を呈する者は誰もいない。私たちの精神には従順に服従する奴隷的な魂がすでに宿ってしまっているということだろう。

近代の人々は歴史上はじめて自由を獲得した。しかし、それと同時に個人の調教も考案したのであるとフーコーは言う。自由な近代的主体とは、身体を通して精神の奥深くまで他者のまなざしに貫かれ、支配され、それを内面化する主体であり、こうした主体を造るためには、パノプティコンという装置が用いられ、社会全体に広がった。

フーコーは、こうした社会の特性を**「規律権力」**と呼んだ。

生権力

一九世紀半ば頃から、社会そのものが身体を持ち、ときに病に陥る有機的な存在だと考えられるようになった。そもそも社会は、身体を持った生きた個人によって構成されているということが意識されはじめたということである。このような社会においては規律権力とは違ったタイプの権力が発動しているのではないかとフーコーは考えた。

フランス革命以前においては、王は「死を与える権力」であった。王を頂点にする社会秩序を維持するためには、王の力を民衆に見せつける必要があった。王や国家に背いた者は、容赦なく殺されていた。そのことによって王の威厳を保っていたのである。

『監獄の誕生』で記されているように、近代以前の王の権力とは「みずからを見せる権力」であり、王に背くような重罪を犯した者は、大衆の面でとり行われる公開処刑において、ただ殺されるのではなく、あらんかぎりの知恵を振り絞って苦しみを与えられ、完膚なきまでに叩きのめされた上で殺されていた。これによって民衆を震え上がらせ、王に対する恐怖心を植えつけていたのだ。民衆の生殺与奪の権利を有する王は、このような処刑方法を採用することで、国を統治していたのであるが、しかしある時期からそれは行われなくなる。あまりにも理不尽で、非人間的な行為に、大衆が反感を抱き、暴動を起こしかねないことが懸念されるようになったからである。実際、その後、ヒューマニズムを理念とする革命が起こり、王の首は断頭台ではねられることになる。

その後、自由を謳歌する市民たちによって構成される社会では、社会が有機体のようなものとして存続することが目指され、社会の構成員をよりよく生かすことが問題となった。このような以前とは異なる感受性が人々の間に共有されることで、「生を与える権力」が生み出されることになる。これを**「生《せい》権力」**という。

フーコーが言うには、**規律権力が生権力へと変わっていったというよりも、生権力が生み出された社会においては、規律権力と生権力が並存し、両者は重層的に重なり合っているのである。**

社会の構成員をよりよく生かすことが目指される社会においては、パノプティコンだけでは社会を維持することができない。そこで注目されたのが「性」である。社会の構成員を規律や道徳という公的な部面からだけではなく、実に私秘的な性の部面からも調教し、支配することが目論まれたのである。こうしたことを考察したのが、三巻からなる『性の歴史』の第一巻『知への意志』である。

フーコーは、性が歴史的にどのように扱われてきたかを顧みる。よくある考え方としては、近代社会は性の問題は禁圧され、性について語ることははばかられてきたというイメージである。これを「性の抑圧仮説」と言うが、フーコーはこれに対し異議を呈する。近代社会も、そして私たちの現代の社会も、性の問題を抑圧しているように見えて、実は性について大きな関心を持ち、大いに語るのではないか、と。とはいえフーコーは、性が抑圧されていなかったと言おうとしているのではない。抑圧されていたかもしれないが、性に関する表現は社会の中で何らかの重要な機能を果たしてきたのであり、そういった意味で「饒舌に語っていた」のではないかということである。『監獄の誕生』において示されたのは、権力とは、人々が他者と関係する中で自己の欲望を求め、実現しようとする「場」であるということである。「性」の問題も同じように、まさに個々人の欲望が追及される「場」として存在してきたのである。

性の問題とは、誰にとっても、プライベートなことがら、内に秘めたものである。そのようなものである性の問題について考察する際、フーコーが目をつけたのは、「告白」という契機である。フーコーは人間とは「告白する動物」と言う。ここで、西洋文化を形作ってきたキリスト教の問題が関わってくる。

西洋のキリスト教の告解では、一六世紀以降、性の問題が中心になってくる。信者たちは教会に赴き、司祭に対し、おのれの肉体がどのような欲望を抱いたかを詳細に告白しなければならなかった。修道院の中だけで求められた性の告白が、さらに一七世紀になると、西洋中の人々にも求められるようになる。あらゆる人が、自分の性的欲望について異常な点はないかと調べ上げ、最も奥に秘められた微細な点まで目を配り、洗い出し、点検し、それを互いに監視し合うシステムがここに生まれる。親と子、教師と生徒、医師と患者、司祭と信者、異常はないかと調べ上げる者と調べられる者との猥褻な関係と、そこから生まれる快楽。「問い質し、監視し、様子をうかがい、探り出し、ほじくり返し、まさぐり、明るみに出す一つの権力を行使する快楽」、サディスティックな快楽がこのシステムをより活性化させる。

こうした感受性が生まれる中で、性に関する科学が成長してくる。それは、まず性倒錯に関する理論として登場する。性に関する正常性とはどのようなものか客観的に示してくれる基準を人々が欲したのである。その背後には正常性という規範に沿って、異常を排除しようとする意志がある。狂気が何ら精神疾患ではなく、社会から異端者を排除し、監督し、調査するための基準として設定されたのと同様である。

このような科学を確立し、そこで示された基準に自分が適合しているかどうかを確認するために、個人は、自己の奥深くに秘めたおのれの欲望を告白しなければならなかった。その欲望とは、当人にとってはまさに「真理」である。自己の真理を他者に告白し、聞きとってもらうことによって、自己のアイデンティティを確認する。点検の結果、自分は正常であり、まっとうな人間としてやっていけるとの確信を得るのである。またしても、真理が権力の場となる。人々は自己の真理を他者に預けることで、権力関係の中にははまり込んでいくのである。

そして一八世紀末になると、性の問題が、医学や教育や経済に媒介されることで、国家の問題となる。そこで開発されたのが、「性のテクノロジー」である。フーコーは、女性の身体のヒステリー化、子供の性の教育化、生殖行為の社会的管理、性倒錯に対する医学的な関与という領域で、性のテクノロジーがどのように機能するかを検討する。

まずは女性の身体のヒステリー化と生殖行為の社会的管理に関してである。フランスでは一八七〇年の普仏戦争の直後から、プロイセンに戦争に負けた原因は出生率の低下と男性らしさの欠如であるという総括が出される。たしかに出生率は低下しており、人口統計学者たちは、出生という問題を個人に任せていては事態を改善できないと考え、これを公共の問題として扱う必要性を主張するようになった。

そこで注目されたのが、女性の身体である。女性の身体は、社会のために子供を生産する製造機として、夫や子供のために家事を担う主婦として、子供たちを養育する母として存在するのであり、この身体をどのように扱うかが国家的な問題となる。

次に子供の性の教育化であるが、一般的に当時のヨーロッパでは子供の教育は寄宿舎で行われていたのだが、そこには性教育も含まれていた。そこで最大の問題だったのが、自慰と同性愛だった。子供を寄宿舎においておけば、自慰や同性愛という性的な「倒錯」に感染するかもしれないと恐れる親たちもいた。そのような親たちを安心させるために、たとえばドイツではパセドゥが汎愛学寮を開設し、そこで子供たちの性生活を監視しながら、性教育を施すことで「矯正」を行っていた。教育者と医師は、少年の自慰を根絶すべき疫病のようなものとして捉え、撲滅しようとした。そして子供たちに対し、性とは警戒しないと自分も人類も滅ぼしてしまう恐ろしいものであることを熱心に教えていた。

そして性倒錯の医学的な関与についてだが、一八六七年にラプクール村で起こったフランスで最初の性犯罪の記録をフーコーは紹介する。村の農民が少女に「ちょっと愛撫」してもらったという、これまでよくあった日常的な出来事が、少女の両親がこのことを村長に告発することで事態は急変する。この男は逮捕されるだけでなく、精密な医学的検査を受け、結局無罪になる。しかし病院に閉じ込められたまま、様々な検査を受けながら一生をそこで送ることになった。検査では、頭蓋骨の大きさの測定から始まり身体的特徴をすべて調べ上げられ、考え、趣味、習慣、感覚、判断なども調査の対象となった。当局は、こうした検査によって、何とかして性的変質者の特性をつかもうとしたのである。些細な

「逸脱」行為によって「異常」と判断され、医学的な「正常性」を基準にして、性倒錯者として分類されたのである。

当時の人々の感受性は性的な逸脱と「種」の問題に対し過敏になっていたのである。そうであるがゆえに、この時期には、サディズム、マゾヒズム、フェティシズム、露出狂、性欲亢進症、性欲欠乏症、動物愛好症など、性倒錯についての様々なカテゴリーが開発されていった。それだけでなく、「早く性に目覚めすぎた子供たち、早熟な少女、怪しげな学生、いかがわしい召使と教師たち、残忍だったり偏執狂的だったりする夫、孤独な収集家、奇怪な衝動を抱く散策者」などが病院や法廷で見られるようになった。

問題は、これらの「異常者」たちが、自分は「異常」ではないかと思い、みずから医師のもとを訪れるということである。彼／女らは「異常者」として社会から排除される以前に、内に秘めた性的欲望を他人に語らざるを得ないという仕組みがすでに出来上がっていたということである。そのような仕組みを**「性の装置」**とフーコーは言う。

性の装置という具体的なものがあるのではない。「装置」とはネットワークのようなものであり、法律、道徳、哲学、科学、医者の判断など様々な要素で構成され、それらが相互に作用し合いながら、人々の性活動、性の語り方、性の扱い方などを決定していくのだ。性の装置が社会の末端にまで機能し、「異常」を見つけ出し、排除していくのである。

しかし、倒錯のような「異常」の排除は、単に危険だからという理由からだけではなく、同時に優良な「種」を守るためという目的からも来ている。性はしっかりと管理しておかないと、病気を伝染させたり、後の世代に何らかの疾患を残しかねないからだ。ここに優生学が現れる。

性の装置と性のテクノロジーは、むしろ自分とその家族の生活を幸福なものにするために、人々の「健全性」の維持のために開発されたものであった。しかしそれは同時に、それぞれの人間の快楽を規制し、取り締まる機能を持ってしまったのである。さらには、性のテクノロジーは個人の性を対象とし、そこを入り口としながら、「種」「民族」「国民」の純血性を守ることを目指していった。個人の「健康」(正常性)を維持するためには様々な危険を排除する必要があるように、社会全体、あるいは民族の「健康」を維持するためには、これを阻害する要素は可能なかぎり撲滅しなければならない、このような感受性が人々を覆っていたのである。**人々は能動的に権力関係に参加し、他者を抑圧し、みずからも抑圧されることを選択するのである。**

性とは、個人にとっては最も秘密にしておきたいものであり、それと同時に最も興味をそそられるものである。**「生かす権力」である近代の生権力は、こうした性をターゲットにして人々を管理し、支配する。**個人間での性をめぐる**「ミクロな権力」**が構築され、それが国家規模の権力を生み出すのである。

「人種」という原理

それにしても不思議である。資本主義の下で抑圧・搾取される人々を解放するとしたマルクス主義の国家が、革命後、粛清の嵐が吹き荒れ、さらなる抑圧を人々に強いるファシズム国家になってしまったのはなぜなのか。あるいは、自由、平等、博愛をスローガンにして成し遂げられたフランス革命も、革命後の政府に従わない者たちを抹殺する恐怖政治で終わってしまったのはなぜなのか。そして、人間は理性的な存在であるとしてきた人類が、どうして二度に渡る世界大戦を行い、多くの人々の命が失われることになったはなぜなのか。そして今でも、「テロとの戦争」と称し、「自由と民主主義のために」と言いながら行れる企てによって、多くの無垢の民が無惨に殺戮され、家族と住む場所と職を失い、生きていくことすらままならなくなった多くの難民が世界各地に漂流し続けなければならないのはなぜなのか。

二〇世紀の奇妙さは、大量の民衆を虐殺する戦争を行う国家が、同時に国民の健康を気遣う国家でもあるということだ。戦争国家が、同時に福祉国家であるというこの奇妙さ、この逆説。この問題を解くためにフーコーが提示した概念装置が「生権力」である。

生権力は、人間たちを住民として管理し、統治する権力であり、性に照準を合わせながら、住民の生、疾病、出生率を管理することで、人々に「生を与える」権力である。生権力は住民全体の生活の幸福を気遣うのだ。

近代社会は資本主義社会でもあり、その下に生きる人々は、労働し、賃金を稼ぎ、豊かな生活を送りたいと願っている。そのためには、つねに健康であり、なるべく病気にならないように気を配らなければならない。ここに生み出されたのが生権力であり、それは住民に対する福祉政策をより充実させることを目指す権力である。私たちが生きるこの日本という国家も福祉社会の国家であり、国家が国民のために国民皆保険、年金制度、失業保険など様々な福祉制度を用意している社会、つまり、生権力が機能している社会なのだ。

ところが、このような人間の生を尊重する社会は、同時に戦争によって一挙に大量の人間たちを躊躇なく殺戮する国家でもある。忘れてはならないのは、戦争とは敵国の人々を殺すだけではなく、自国の民も大量に死に追いやることでもあるということだ。一方で、国民の生を育むことを目指しながら、他方で、育んだ生を破壊してしまうのが近代国家の実像である。**「生を与える権力」は、時と場合に応じて、「死を与える権力」に変貌する。**

フーコーは、これを可能にするのが**「人種」**という原理なのだと言う。もちろんここにはナチスのことも念頭に入っているが、もっと射程は広い。生権力は本来は国民の生を豊かにすることを目指すが、「人種」という原理が介在することで、自国と敵国の民を一挙に、しかも大量に殺すことも厭わない権力と化すのだ。「人種」とは、「生かしておく人間の種類」と「死んでもいい人間の種類」を選別・差別する原理である。**人間の「種類」には、「よい」ものと「わるい」ものとがあり、「よい」種類の人間は生きるべき人間であり、「わるい」種類の人間は死ぬべき人間であるという分類を行うのが「人種」という原理である。**

だから、今でも人種差別はなくならないのである。むしろ近代の生権力は人種差別を必要としているのだ。住民を分類することで、生権力は人々を殺す原理を獲得する、つまり戦争を可能にしているのだ。第二次世界大戦におけるナチスのユダヤ人差別と虐殺はその典型であるが、その後、今でも戦争にはほとんどの場合人種差別が伴う。たとえば、ソ連東欧圏の社会主義諸国の崩壊後、民族紛争が勃発したが、まさに「人種」を根拠にし、「民族浄化」を掲げられながら戦争が行われた。

「劣った人種」「異常な人種」を絶滅すれば、それに脅威を抱くことなく、「優れた人種」である自分たちの生がよりいっそう「健全」なものとなり、その純粋性を保持することができるだろうというのが人種差別を根拠にした戦争である。それは外部だけではなく、内部にも働きかける。自分たちの中から、劣った・異常な・汚れた種を排除し、絶滅させせればさせるほど、自分たちの優れた・正常な・純粋な種を守ることができる。むしろ戦争はこれを最も効率的に行える行為である。「存在すべきでない」人種を一挙に絶滅する「民族浄化」という側面を、昨今の戦争は強く持つのはそのためだ。

ナチズムの存在を可能にしたのは、近代社会のこのような存在の仕方があったからである。ナチズムは福祉社会の中に「社会主義」勢力として出現しながら、自民族の純粋性を追求し、自国の中にある「汚れた部分」を排除、絶滅することを目指した。そのとき用いられたのが「優生学」という「科学」である。生物学的な差異を根拠にしながら、「優れた種」と「劣った種」を選別し、後者を「存在すべきでない種」と定め、絶滅しようとした。その結果、他国の人々だけではなく、自国の人々の多くを死に至らしめた。

こうした「人種」の原理は、戦争時だけではなく、日常の社会においても適用されている。狂人、犯罪者、性倒錯者などは好ましくない種類の人間として、排除され、ときに抹殺される。選ばれた者たちには十分に生が与えられ、選ばれなかった者たちには死が与えられる。これが生権力の下で行われていることである。

自由の国アメリカは、黒人が大統領になったものの、いまだに黒人やヒスパニック系などの有色人種に対する人種差別が絶えない。アメリカは世界の軍事的な覇権を握り続けることで、世界の頂点に君臨し続けてきたが、しかしアメリカの軍隊を構成するその多くは、有色人種である。

私たちの生きるこの日本も福祉国家であり、国家は国民の生に配慮し、社会保障制度などを整え、でき得るかぎり国民に幸福をもたらそうとしていると言う。ところが、その国家は格差社会と化しており、非正規労働者が多くを占める社会となり、普通に生きていくにもままならない者たちであふれかえっている社会である。低賃金で働かされ、日本株式会社の底辺を支え続け、必要がなくなったら無慈悲に捨てられる、「国民」という名の部品を大量生産する社会。そうである。**まさに生権力の下で、人種の原理が働いているのである。「生きるべき人間」と「死んでもいい人間」が区別され、後者は見捨てられていく社会となっているということなのだ。**就職難で若者の働く場所も少なくなっている。為政者たちによって戦争のできる国づくりも着々と進められている。実際戦争が起これば、多くの軍人が必要となるだろう。働く場所がなければ、軍隊に入ろう！「死んでもいい人間」のリクルート先も用意された。これが現代の日本社会である。

フーコーの思想を通して現代の日本社会を見てみれば、こんなことも見えてくる。普通のまなざしでは「見えない」ことも、思想のフィルターを通せば別な仕方で「見える」ものになる。これが思想の破壊力と創造力である。

NEGLI=HARDT

第7章

たとえばネグリ=ハート

現代思想の今日的展開

世界は今、〈帝国〉の時代にある。
どの国家も〈帝国〉の一地域であり、私たちはみな〈帝国〉の臣民である。
国家間で行われる戦争も対テロ戦争も〈帝国〉の下での内戦である。
そのとき、例外状態であったはずの戦争は常態化し、
社会的生の全体を覆うことになる。

〈帝国〉という世界秩序

現代思想はいまどのように展開しているのか。たとえば、アントニオ・ネグリとマイケル・ハートがいる。ネグリ＝ハートの思想は、まさに私たちが生きるリアル・タイムの思想、しかも、混沌とし、混迷を深める中で窒息するほどの息苦しさを感じさせる世界の様相とその原因を理解し、そこからの離脱を模索する思想、世界を解釈するだけでなく、世界を変革することを目指す思想なのだ。最後に現代思想の今日的展開の一例としてネグリ＝ハートの思想を簡単に紹介しておこう。

フランスのポストモダン思想が世界の思想界を席巻する中、リオタールは「大きな物語の終焉」を唱えた。二〇世紀の後半、マルクス主義が一身に担うことになる歴史の進歩、理想社会、それを可能とする理性という人間固有の能力、そして正義、等といった「大きな物語」を掲げる時代はもはや過ぎ去ったのだと。たしかに、人々が理想と希望を託した現実の社会主義国の現状は、それを裏切るものであった。しかもその社会主義を実現した東側の国々と西側の資本主義諸国家は対立し合い、軍事力の均衡によってかろうじて保たれた冷戦構造は、地球の全表面を陰鬱で重々しい抑圧感で覆っていた。そのような時代にあって「大きな物語の終焉」は一定の説得力を持って人々に受けとめられた。

しかし、二〇世紀が終わりを告げようとしていたとき、世界の様相は一変した。東西冷戦体制の終焉、湾岸戦争、9・11米国同時多発テロ、アフガニスタン戦争、イラク戦争……激変に次ぐ激変に世界は襲われ、混沌に支配された。そのときネグリ＝ハートは「大きな物語」の水準で再び語り始めた。

現代の世界は、国境を越えて経済活動が展開されるグローバリゼーションの時代であり、それに合わせて国際・国内政治も営まれ、どの国もこの趨勢から逃れられない。しかし自国の経済権益を拡張するために、国境を越えて他国に侵攻していくという事態は現代に始まったことではない。帝国主義である。しかし帝国主義の時代は終わった。第二次大戦後、帝国主義列強に支配されていた植民地国は次々と独立を果たし、その後の世界においては、他国を帝国主義的に侵略することは許されないことになっている。とはいえ、帝国主義的傾向を持つ国家は今でも存在するが、そうした国家の現実を理解するにあたっても帝国主義という概念ではうまくいかない。ここに出現したのが、〈帝国〉という世界秩序である。

〈帝国〉とは、多種多様な権力がネットワーク状に結びついたグローバル権力である。それは、支配的な先進国やＩＭＦ（国際通貨基金）・世界銀行といった超国家的な政治的・経済的制度、諸種のＮＧＯ（非政府組織）やメディア、コングロマリットといった一連の

権力の間の、不均等ではあるが広範な協力関係に基づいている。これまでは国民国家が世界政治の主体であったが、**〈帝国〉的傾向を持つ世界では超国家的制度やメジャーな資本主義企業などが権力を持ち、主要な要素となる。**もちろん〈帝国〉の時代にあっても国民国家が消滅したわけではないが、どの国民国家も現在の世界秩序を創出し、維持していくために協調せざるを得ない。これが〈帝国〉という世界秩序なのである。

〈帝国〉は具体的な制度でも、何らかの法によって支えられたものでもなく、さらにはどこかに場所を持つものでもない。あたかもすべての国家の上に君臨しているかのようなものとして想定され、すべての国家の政治的行為がそのような想定物を前提しながら行われているもの、つまりすべての国家の政治的行為が創出しているものである。想定物ではありつつも、〈帝国〉はすべての国家の国内外の政治・経済、そして戦争を具体的に行わせ、あるいは国際的・国内的な政治行為に正統性を与える権威を産出し、契約を保証し紛争を解決するための強制権を持つ法的機関を産出する。そして、国家は〈帝国〉の下にある一つの地域であり、すべての個人は〈帝国〉の臣民である。

〈帝国〉は、ローマ帝国に見られるように、〈帝国〉の下に生きる者たちに平和をもたらすものである。しかし実際、現代でも世界のいたるところで戦争が起きている。とりわけテロリズムが世界中で巻き起こる中、「対テロリズム戦争」は現代の国際政治の中心課題となっている。〈帝国〉はまさに「対テロ戦争」に果敢に立ち向かい、人々の平和をもたらすことを使命とする。しかし、逆から言えば、〈帝国〉は、だからこそつねに戦争を必要とするとも言える。戦争をのりこえ、自己の配下の人々に平和をもたらすことが〈帝国〉の使命であるなら、完全な平和が到来すれば〈帝国〉の存在意義はなくなる。現在私たちの前で繰り広げられる「対テロ戦争」は、むしろ〈帝国〉の維持には不可欠なのだ。

戦争とは、主権を有する政治存在が行うものとされてきた。主権とは、いわば他者に命令したり、何かを禁止したりする力であり、しかもその命令や禁止の行使が正当であることを保証するものである。近代においては主権を持つと認められていたのは国民国家だけである。つまり、どの国民国家も戦争をする権利を持っているということである。

グローバルな内戦の時代

しかし、現代世界で行われている戦争のほとんどが国民国家同士の武力衝突ではなく、片方の陣営は主権を持たないテロ組織である。これは従来の国際法の枠組みで言えば、「戦争」ではなく主権領土内での「内戦」である。現代の戦争は、〈帝国〉の下での「内戦」であるのだ。この内戦を戦い、内戦を制圧することを認められ、私たちにそれを命令する権限を持つのは〈帝国〉だけである。それゆえ、グローバルな内戦に対応するには従来の国際法の枠組みは有効ではなくなってきている。

近代の主権理論では、戦争を日常世界の外部へと追いやり、恒常的な戦争状態を消滅させることが目指されていた。主権を有する、つまり戦争を起こす権利は君主や国家だけにかぎられ、戦争は社会内部から追放され、国民国家間でのみ行うことになっていた。こうして戦争は「例外」となり、平和が「常態」となる。そして国家内部での衝突は、政治的駆け引きによって解決すべきであるとされた。この戦争と政治の分離は、「戦争とは別の手段による政治の継続である」というクラウゼヴィッツの言葉にもよく表れている。

ところが、今日の世界は、逆に戦争が常態化し、平和な状態と戦争状態の区別が曖昧になった。**「例外状態」**が常態化し、永続し、全般的なものになったのである。

「例外状態」とは、憲法や法の支配を一時的に停止することを指す。今日の世界は、例外状態が常態化した世界である。そうであるなら、法の支配が停止した状態が日常になったということを意味する。もちろん、民主主義的機能も政治の中から排除される。

戦争が常態化した現代においては、むしろ政治が別の手段によって行われる戦争になりつつある。戦争こそが、日常的な社会の主要な組織原理になったのである。政治はそれの手段でしかない。フーコーは「生権力」という概念によって、生を与える権力が他方では戦争を行う社会、死をもたらす権力であることを明らかにしたが、これは戦争における原理が日常の社会の隅々にまでいきわたり、社会形成の原理になったことを示している。

従来の戦争は、特定の場所で行われ、降伏や勝利、あるいは当事国間の停戦協定によって終結するのが一般的であり、空間的・時間的に限定されていた。これに対して現代の「対テロ戦争」は、世界中に無際限に拡大され、何十年にもわたって無期限的に続けられていく可能性がある。そのとき戦争は、警察活動と一体化する。警察活動と軍事活動がともにセキュリティを目的としながら展開されることで、以前では国民国家の外部にあった戦争が、内部へと持ち込まれる。

二〇〇一年九月一一日以降、対テロ戦争の中で米国政府は、「防衛からセキュリティ」へという政策転換を打ち出した。戦争を外からの攻撃に反応する受動的な姿勢から先制攻撃を行う積極的な姿勢へと転換したのだ。しかし従来、どんな民主主義国家にも他者を軍事侵略することは認められておらず、国際法においても、それぞれの国家主権を守るために予防攻撃や先制攻撃は禁止されてきた。ところが今日においては、セキュリティの名の下に予防攻撃や先制攻撃は正当化されてしまう。もはや国境など意味がなくなり、それぞれの国家主権もないがしろにされる。

近代国民国家の主権の根幹の一つは、正統な暴力を独占していることである。国内において、国家は国内の諸個人・集団・勢力に比べて圧倒的に優位な暴力を行使する能力を持っているだけではなく、その暴力の行使が合法であり正統であると認められている唯一の行為者である。国際的にも、原則的にはどの国家も戦争をする権利を平等に有する。

ところが、二〇世紀後半になると、国家暴力を正統化するメカニズムが機能しなくなる。一方では、国際法と国際協定の発達によって、ある国民国家による別の国民国家への正統な武力行使や兵器の集積に制限がかけられるようになる。たとえば、冷戦中の核拡散条約や生物化学兵器に対する様々な規制である。他方、国内では、人権意識の拡大とそれに伴う制度の設置などによって、国民国家がふるう暴力にも制限が加えられるようになり、たとえその国民国家の領土内であっても国民国家による暴力行使には正統性がないとされるようになった。国民国家の行使する暴力が法的構造によって正統化されなくなったとき、それを正統化するのは、道徳性である。

ここに**「正戦」**という概念が復活する。テロリストは「悪」であり、それゆえ対テロ戦争は「正義」である、政治家たちやジャーナリズムは声高に叫び、テロリズムに怯《おび》える人々もこれを当然のものとして受け入れる。対テロ戦争は「正戦」であるのだ。「正戦」という言葉の下で、地球上のすべての人々がテロリズムに対抗すべく一致団結するよう促される。「正義」を体現するこの戦争は、それゆえ個別の利害を超えた人類全体の普遍的なものであるとされる。「正戦」としての対テロ戦争一色で染め上げられた社会は、実に非寛容な社会と化す。このような社会においては、人々の自由は制限され、投獄件数が増加する。いわば恒常的な社会戦争が巻き起こる社会である。もちろん、このような社会の中では民主主義も停止される。例外状態が日常化した世界である。

戦争を正統化するのは、敵と無秩序の脅威である。かつてシュミットは政治とは敵と味方の区別であると言ったが、戦争が政治の基盤になっている現代において、敵が正統性を構成する機能を果たしているのだ。対テロ戦争の時代にあって、敵はどこか特定の場所に具体的に存在するのではなく、どこにでも存在するが、どこに潜伏しているのかわからない。かくして、セキュリティが強化され、軍事活動と警察活動が一体化することになる。

冷戦のただ中、米国はベトナム戦争で、ソ連はアフガニスタンで、軍事力や技術の面で圧倒的に格下の敵に負けた。ベトナムやアフガニスタンは相手に対してゲリラ戦で対抗したのである。ゲリラの攻撃の強みはその予測不可能性である。住民の誰もがゲリラ戦闘員であり得るし、いつどこから、どんな手段によって攻撃してくるかわからない。

軍事力で圧倒的な優位に立つ者たちがここから学び取ったのは、単に軍事力で敵を打ちのめすだけでなく、社会的・政治的・イデオロギー的・心理的手段を駆使して敵を管理する対反乱戦略である。ここにおける敵は、単一の国民国家ではなくネットワーク状の敵である。これは現代の対テロ戦争における敵にも共通して見られる傾向である。米国はかつての自国の失敗を教訓にしてあみだした戦略を現代の敵に適用しているのである。**分散型ネットワークの本質的な特徴は、たえず内と外との間の安定した境界を揺るがすということである。ネットワークがつねにいたるところに存在するということではなく、ネットワークの存在と不在が不確定であるということである。**このような敵に対して米軍がとった戦略は、みずからがネットワークになることである。この対反乱戦略は、国家を基盤にした性格を捨て去り、〈帝国〉の軍事機構となることである。**現代では、このネットワーク型の権力形態こそ、秩序を創出し維持することができる唯一の権力形態である。**

戦争の変容に伴って軍隊や軍事活動も変化する。冷戦終結以降、米軍において「軍事革命」と呼ばれる動きが始まった。これによって米軍の軍事作戦行動は、他の国々を寄せつけない空軍力の利用、海軍力と誘導ミサイルの補助使用、あらゆる可能な諜報活動の統合、通信・情報技術の最大限の利用をはじめとする新しい標準方式への移行を遂げる。

ベトナム戦争後、米国民は戦争によって多くの死者が出ることを忌避するようになった。それゆえ、唯一可能な戦争は自国の兵士が死ぬことのない戦争である。軍事革命はそれに応えるものであり、ハイテクを駆使することによって、米軍の死者の数をかぎりなくゼロにすることを目指している。新しいミサイルや通信・情報技術を開発し、米軍兵士は安全なところから遠隔操作するだけで敵を攻撃できるだけでなく、正確な爆撃によって敵側の意図せざる死者数も最小限に抑えることができるとされる。

これまでの近代の戦争における「国家総動員」とは、社会全体をそっくりそのまま一種の戦争工場に変貌させることと意味していた。戦場に兵士の身体を集めることは、ちょうど工場に労働者の身体を集めるようなものだった。大量の労働者の匿名の身体と、やはり大量の兵士の匿名の身体が重なり合う。しかし、軍事革命においては、戦争はもはや大量の兵士の身体を必要としない。戦争を行っている兵士は、複雑な機械・電子装置の要素と化している。そして軍事革命はコンピュータや情報システムといった技術の発展を背景にしながら、それを駆使し目的を遂行することができるような能力を兵士に求める。これは可動性と柔軟性を持つ非物質的な労働という現代の労働形態で必要とされる能力である。

そして兵士たちは、戦闘終結後、征服した住民たちの文化、法律、政治、保安に関する生活規範を指図しなければならず、生権力の多岐にわたる活動を一手に引き受け、それらと同化する。軍事革命は近年の社会的労働の変容の先取りであると同時にそれを敷衍したものであり、現代の労働現場における労働の形象を戦場に持ち込むものである。

しかし現実の戦争においては、軍事革命で想定されたことはうまくいっているとはいいがたい。民間の巻き添え被害はあいかわらず多く、「味方からの誤爆・誤射」によって死亡する兵士の数が米軍に比べて連合軍兵士が多く、そして「体制変更」後の「民主主義への移行」もうまくいっていない等々の問題が山積するありさまだ。

軍事革命と軌を一にして経済領域で生じた現象が労働の変容である。「非物質的労働」という労働形態の登場である。これは、問題解決や象徴的・分析的な作業、そして言語的表現といった、主として知的ないしは言語的な労働を指し、アイディア、シンボル、コード、テクスト、言語形象、イメージやその他の非物質的なものを生産する。しかも、この非物質的労働が産業社会で主導権を握りつつある。

どんな経済システムにおいても数多くの労働形態が共存しており、そこではつねに、ある一つの労働形態が他のもの対して主導権を行使する傾向がある。一九世紀から二〇世紀にかけて、工業労働は農業などの他の労働形態に比べ量的には少数派にとどまっていたものの、グローバル経済においては主導的な立場を占めていた。少数派ではあっても、農業や鉱業、さらには社会そのものまでが工業化を余儀なくされてしまったという意味で、主導的な立場にあったのである。単にその機械的な営みだけでなく、工業労働が刻む生のリズムとそれが規定する労働日が家族や学校、軍隊をはじめ、すべての社会制度を徐々に変質させていった。**しかし二〇世紀末の数十年間では、工業労働は主導権を失い、代わって非物質的労働が主導権を握ることになる。**

非物質的労働の性格

非物質的労働において注目すべき特徴は、「情動労働」的側面である。情動労働は、安心感や幸福感、満足、興奮、情熱といった情動を生産したり操作する労働である。支配的な先進諸国においては、情動労働の重要性は増している。たとえば雇用者が被雇用者に対して、好ましい態度、性格、「向社会的」行動を求め、強いることにそれは表れている。好ましい態度と社会的スキルを身につけた労働者とは、情動労働に熟達した労働者ということなのだ。とりわけコミュニケーションの創造に関わる仕事は、言語的で知的な作業であるのと同時に、コミュニケートし合う者同士の情動的要素をも創出しなければならない。たとえば、ジャーナリストやメディア従事者は単に情報を伝えるだけでなく、伝えるものをより魅力的で好ましいものとして提供しなければならない。こうした情動労働的側面は他の労働形態に影響を与え、情動労働で求められるスキルはどこでも求められる。

非物質的労働のパラダイムにおいては、労働時間と余暇時間との区別がかぎりなく曖昧になり、従来の労働日という概念も有効でなくなる。工業労働のパラダイムでは、労働者が労働に従事するのは、もっぱら工場での労働時間にかぎられていた。しかし生産しなければならないものが問題の解決やアイディア、関係性の創出ということになると、労働時間は生活時間全体にまで拡大する傾向を持ってしまう。アイディアはオフィスの机に座っているときだけにひらめくものでない。

現代は工場労働者に見られるような安定した長期雇用を特徴とする経済から、フレキシブルで移動性が高く不安定な労働関係を特徴とする経済へ移行したと言われる。しかし、実際には「フレキシブル」とは、労働者が様々な異なる仕事内容に適応しなければならないことを意味し、「移動性が高い」とは労働者が頻繁に職を転々と変えなければならないことを意味し、「不安定」とは安定した長期の雇用を保証する契約がなされないことを意味するのである。非物質的労働が持つこのような特性は、現在、他の労働形態に影響を与え、同様の性質を持つよう強いている。このような意味で、非物質的労働が今や主導的な立場を獲得しつつあるということなのだ。

非物質的労働が主導的立場に立つことで、労働日や生産時間は根本的に変化した。工場生産におけるような規則的なリズムや、労働時間とそうでない時間との区別はもはや消滅してしまった。さらには、労働市場の下端にいる労働者は、生計を立てるためにいくつもの仕事をかけもちすること余儀なくされている。労働者はいたるところで四六時中労働せざるを得ない状況になるのだ。

非物質的生産は、いわば社会的生そのものを生産し、その生産物は社会的生全般にわたるネットワークを駆使しながら、協働的な労働によって生産される。それゆえ、今日搾取されるものとは、私たちの社会的生全体なのである。しかも三百六十五日すべてが労働日となり、二十四時間すべてが労働時間となり、いわば社会全体が工場と化してしまった状況の中では、私たちはいつどこにいても、つねに搾取されているということなのだ。

かつてマルクス主義が掲げた資本主義体制における革命の主体は「プロレタリアート」であった。資本主義の最たる矛盾とは「搾取」であり、その犠牲者であるがゆえに、情熱をもって革命に邁進できる者、それがプロレタリアートであり、プロレタリアートが革命に決起するとき、何をせずとも、いや何もしないことによって、生産はストップし、資本主義は窮地に追いやられる。プロレタリアートは「労働者階級」、とりわけ工場労働者を想定していた。むろん、労働者は工業に従事している者だけではないので、もっと広く生産と再生産を担う者としての「人民」という形でも表現されていた。

しかし、非物質的労働が主導権を握った現代は、搾取は工場だけで行われているのではない。つねにどこにいても搾取され続け、しかも生全般にわたってまるごと搾取されてしまう。このような時代にあって、ネグリ＝ハートは新しい革命の担い手を名指す。それが**「マルチチュード」**である。

マルチチュードと〈共《コモン》〉

「人民」であろうが「プロレタリアート」であろうが、これらの概念は社会的差異を一つの同一性へと統合ないし還元する。それゆえ「人民」や「プロレタリアート」は〈一〉である。これに対し**マルチチュードは多なるものであり、単一の同一性に縮減できない無数の内的差異からなる多数多様体である。**その差異は、異なる文化・人種・民族性・ジェンダー・性的指向性、異なる労働形態、異なる生活様式、異なる世界観、異なる欲望など多岐にわたる。マルチチュードは、それゆえ一群の特異性からなるものである。**特異性とは、その差異が決して同じものに還元できない社会的主体、差異であり続ける差異、あるいは他とはとりかえ不可能なかけがえのなさである。**

マルチチュードは群衆や大衆ではない。マルチチュードは、特異性同士が共有するものにもとづいて行動する、**能動的な社会的主体**である。マルチチュードは内的に異なる多数多様な社会的主体であり、その**構成と行動は同一性や統一性ではなく、それが共有しているものにもとづいているのだ。**

かつての変革の担い手は労働者階級であった。ブルジョア体制を打倒することは並大抵なことではなく、それゆえ革命を目指す者たちは「団結して」闘わなければならない。ここで求められるのが、「統一性」であり、「同一性」である。搾取されるがゆえに変革を求めるというところでは同じ属性（同一性）を持つ者であるということを互いに確認し合うことで団結を打ち固める必要があるのだ。

しかし、そもそも同一性はつねに異なるものとの差異がなければ確認できない。それゆえ、無理やり差異を作り出し、異なるものを排除することをしてしまう。これが、社会変革運動全般の中で、どの時代でも、どこでも見られる、俗にいう「内ゲバ」、つまり、内輪もめをしたり、集団が分裂したり、ことと次第では仲間殺しという現象である。

これは変革過程だけではなく、実際に支配階級を打倒し、新しい社会を築いた後でも見られた現象である。実際に存在したソ連などの社会主義国では、「正しい労働者像」という規格があり、これに適合しない者は排除、粛清の対象になっていた。しかし、言うまでもなく、このような社会など、この上なく息苦しい社会である。このような無理を強いる社会は内部から崩壊せざるを得ない。そして、実際にソ連は崩壊した。ネグリ＝ハートはこうしたことを批判的に省みた上で、「特異性」を強調するのだ。

とはいえ、**マルチチュードは階級概念でもある。**「階級は階級闘争によって決定される」。かつてサルトルは、人種は人種に対する抑圧によって作り出されるのだと言った。人種を決めるのは民族性でも皮膚の色でもない。人種は集団闘争によって政治的に決定されるのだ。それゆえ人種とは階級であり、政治的概念である。それと同様に、かつて「階級」を代表していた経済的階級も集団的な抵抗運動を通じて形成される。階級とは闘争する集団性であり、集団的な闘争によって形成されるものなのだ。この集団闘争のための条件とは、〈共《コモン》〉である。

〈共〉とは第一に、空気、水、大地の恵みなどの自然の賜物、つまり物質世界のコモン・ウェルス（〈共〉的な富）を指し、本来、人類がともに分かち合うべきものである。第二には、知識や言語、コード、情報、情動などの社会的生産の諸結果である。これらは社会的相互作用や、さらなる社会的生産にとって必要になるものである。

しかし〈共〉はいたるところにありながらも、きわめて見えにくい状況になっている。それは、今日の支配的なイデオロギーによって私たちの目が曇らされているからだ。とりわけ、この数十年、世界中の国々では新自由主義的経済政策がとられる中で〈共〉の民営化＝私有化が進められ、あらゆるものが私有財産の対象となっている。もちろん、こうした忌々《ゆゆ》しき事態は是正されねばならない。しかしそこで対置されるのは、公的なものであり、国家やその他の行政機関に管理運営させることで私有化に規制をかけるのである。しかしこれは社会主義的路線である。「私」か「公」かという排他的な二者択一しか残されていないかのような状況にある中で、〈共〉は見えなくなってしまった。

しかし実際には世界の事物の大半は人々に共有され、すべての人がそれを利用し、発展させてきた。たとえば言語は情動や身振りと同様、大部分は共有物であるが、もし実際に特定の人間に私有化されたり公的所有物になれば、言語の持つ表現や創造、コミュニケーションの力は失われてしまうだろう。

非物質的労働の生産はまさにこの〈共〉に基盤をおく。非物質的労働は、それ自体が生産のための相互作用やコミュニケーション、協働を直接生産する傾向がある。アイディアやイメージ、知識の生産は共同で行われるだけではなく、新たに生まれたアイディアやイメージの各々がさらに新しい共同作業を引き寄せ、それを始動させる。このように**非物質的労働において〈共〉の創出は労働の内部にある。価値が〈共〉から生まれ、価値が〈共〉であるなら、現代の搾取とは〈共〉の収奪なのだ。今や〈共〉が剰余価値の生じる場となった。**

アルチュセールも再三繰り返しているように、搾取があるということは階級闘争があるということであり、階級闘争があるということは搾取があるということである。主体性は生産という実践の中で産出されるとマルクスは言うが、変革を標榜する主体性は、搾取の経験と結びついた敵対性においても創出される。

人間の革新的・創造的能力は、資本に搾取されてしまう生産的労働をつねに凌駕する。

資本といえどもこのすべてを搾取し切ることはできない。つまり、私たちマルチチュードは資本の横暴をのりこえていく新たな〈共〉を生み出すことができるのである。革命的な主体性という過剰を横溢させるのだ。

マルクスの時代から、労働は資本に敵対し、生産活動を停止させるためにストライキやサボタージュといった形で脅威を与えていた。しかし、労働力なくして資本は存続できない。だから、資本には労働者を圧し潰したり、排除することは完全にはできない。労働者は無力な犠牲者ではない。それどころか大きな潜在力を宿らせた存在である。隷属状態から解放されるためには、その隷属状態から身を引くこと、拒否することである。

とりわけ重要なのは、恐れることを拒否することである。警察行動と一体化した今日の戦争は私たちの抱く恐れによって正当化され、こうした戦争によって日常も組織されている。今ある権力が君臨できるのは、私たちが恐れているがゆえ権力関係に率先して参加しているからである。私たちが恐れることをやめたとき、今ある権力はおのずと崩壊するのだ。

あとがき

たとえ生き難い世の中であろうと、生きたいと願うのが人間であるだろうし、たとえ困難があろうとそれでも生きてしまえたりもするのもまた人間である。万人が幸福である時代などあったためしがない、と言ってしまえばそれまでだが、しかし不幸になるのはよりによって自分であるということは誰でも避けたいと思うだろう。ならば、せめて自分だけは幸せになろうと思い、努力したとしても、なかなかうまくいかないというのが昨今の状況である。

「自己責任」などという、もっともらしく聞こえて実は内容空疎な言葉が叫ばれるようになって久しいが、そもそも自分のことに責任を持って生きることができるのは、よほど恵まれた環境にある人だけだ。それなりの社会的力を持っていてはじめて自分のことに責任をとれるのだが、その社会的力が一部の人間たちに独占されてしまい、残りの圧倒的多数は自分のこともままならない状況にとり残されてしまっているのが実情ではないのか。

しかし、そもそも本書でも採り上げた様々な思想家が言っているように、人間はたとえ一人でも他者とともにある存在なのだ。そういえば、和辻哲郎は、人間は「人・間」なのだということを強調していた。つまり、人間はつねにすでに「人」の「間」に存在するということ、社会的存在であるということだ。本質的には人間は他者とともにある存在であるにもかかわらず、私たちはバラバラに引き裂かれて、一人孤独の中で不安を感じながら生きざるを得ない状況に追い込まれている。「人・間」である存在が分断されれば、不安を感じるのは当然のことである。

しかし、どういうときに私たちは不安や恐れを抱くのだろうか？　お化けでもテロでも何でもかまわないが、不安や恐れを抱かせるものは、どれもが「わけが分からないもの（こと）」、つまり「分からないもの（こと）」という共通する性質を持つ。逆に言えば、分かってしまえば恐怖や不安はかなり軽減されるはず、ということである。ならば、知ればいい。

言うまでもないことだが、今の社会がこのようであるのは理由がある。社会が一部の裕福な層と圧倒的多数の貧困層に分かれてしまう格差社会が成立していることにも、戦争が繰り返されることにも、テロが頻発することにも、そして私たちが不安を抱くことにも、ちゃんとした理由・原因があるのだ。それを知るか知らないかではかなりの違いがあるだろう。知ろうとしないで、ただただ怯えていたり、不安がっているのは得策とは言えない。

現代思想家たちは、私たちの「知りたい！」というこの思いに何とか応えようと奮闘してきたのである。おそらく現代思想家たちの著作は、何らかの問題意識をもって向かえばそれなりの力をもって私たちに迫ってくるが、問題意識がなければそこに綴られた文字は単なるインクの染み以上のものではない。彼らは人間の行為のほんの一部でしかない「文章を書くこと」を通して、一般的に流布している考えを根底的に批判し、覆そうと企てたのだから、その営み自体がそもそも尋常ではない。人並みはずれた知性と洞察力と感性があればこそ、彼らはそれを成し遂げることができたのだが、そこで行われたことは結局、誰もが普通に生きている中で普通にしてしまう「考え方」から離脱し、「別な考え方」を提示したことである。普通にしてしまう「考え」からの離脱は、それが自明で、疑念など一切抱かせないがゆえに、簡単なことではない。その自明性に何らかの亀裂が入ったり、ガラガラと崩れ落ちるような衝撃力が加えられないかぎりそれは難しいのだが、しかし実は現代に生きる私たちはすでにその寸前に来ている。多くの人が、普通の考えではもはや普通に生きていくことすらままならないことをある程度気づいてしまっているからだ。

とはいえ、権威にすがるということでもない。かつて第一次世界大戦後のドイツにおいて、敗戦後の屈辱感と不安に襲われていた人々は、その状況を脱するために権威にすがった。自分より身分の上の者に盲従する反面、下の者には服従を要求する卑屈な人間が大勢出現し、これがナチスを登場させ、支え、ユダヤ人虐殺へとつながることになった。旧西ドイツのフランクフルト学派の思想家たちはその状況を鋭く分析し、そのような人間を「権威主義的パーソナリティ」と名付けた。こうした事態はとりわけ日本という国に住む私たちにはまったく他人事ではなく、時代状況は同じような匂いをぷんぷんと放っている。

何度も繰り返すが、現代は、世界中で格差社会（階級社会）が確立してしまった時代である。裕福な暮らしをし、世の中を自分の意のままに動かすことができる少数の者たちと、普通の生活を送るにもままならない圧倒的多数の者とに真っ二つに分かれてしまった階級社会である。その中で、私たち多数者は、未来の見通しもまったく立てられず不安と恐れの中に生きざるを得ない状況にある。しかし、ネグリ＝ハートが言っているように、現在私たちが抱いている不安や恐れは、結局支配階層の人間たちを利することにしかならない。私たちが不安と恐れを抱けば抱くほど、ますます私たちは現状を強固なものにしていき、そこから抜け出すことができなくなってしまうのだ。この負のスパイラルから脱出するためには、もう必要以上に不安や恐れを抱かないことである。そのためには、まずは「知ること」である。次に必要なのは、バラバラに分断され、孤独に陥っている状況から抜け出すために、ともに連帯すること、ネグリ＝ハートのように言えば、〈共〉を創出することだろう。その具体的な実践は、私たち一人ひとりに委ねられている。そのとき、現代思想は「武器」になる。

＊　＊

それにしても、よもや自分が現代思想の入門書を書くことになるなどと想像すらしたことがなかった。たしかにフランス現代思想を専門領域としてこれまで研究はしてきたものの、ものの見事に「タコつぼ型」の研究しかしてこなかった私が、入門書など書けるのかと思いつつ始めたものの、それはそれで充実した時間をすごすことができた。それもこれも、執筆を強く勧めてくれた編集担当者の福田慶太さんのおかげである。しかもとりあげる思想家もその内容も、実に政治に〝偏向〟していることは、「今必要なのはこういう本だ！」という結論に至った福田さんとの議論の結果である。何の誇張もなく、本書は彼との共同作業なくして結実しなかった。あらためて感謝するしだいである。

二〇一六年十一月
伊吹浩一

伊吹浩一（いぶき　ひろかず）
１９６７年生。専修大学他兼任講師。
訳書にアルチュセール『再生産について』（共訳・平凡社）アルチュセール『精神分析講義』（共訳・作品社）ネグリ『革命の秋』（共訳・世界書院）ランシエール『アルチュセールの教え』（共訳・航思社）など。

武器としての現代思想

マルクス・ニーチェからネグリ＝ハートまで、〝理論武装〟が君の力となる

2016年12月11日　初版第一刷発行

著者　　伊吹浩一

発行者　揖斐　憲

発行所　株式会社サイゾー
〒150-0043　東京都渋谷区道玄坂1-19-2 スプライン3F
TEL 03-5784-0790　FAX 03-5784-0727

印刷・製本　シナノパブリッシングプレス
装丁　　　　長久雅行

ISBN 978-4-86625-080-9